© Upbility Publications LTD, 2020

Cette publication est protégée par le droit d'auteur. La mention des droits d'auteurs, présente sur chaque page, doit être conservée sur tous les exemplaires (impressions, etc.). L'absence de cette mention constitue une violation de la loi relative aux droits d'auteurs, et expose le contrevenant à des poursuites judiciaires.

Les opinions exprimées dans cet ouvrage sont uniquement celles de l'auteur. Ce dernier garantit être le propriétaire du contenu de ce livre ou disposer des droits nécessaires sur ledit contenu.

Toute publication ou reproduction du matériel, intégrale ou partielle, de quelque manière que ce soit, ainsi que toute traduction, adaptation ou exploitation, de quelque manière que ce soit, sont interdites sans l'autorisation écrite expresse de l'éditeur. Est également interdite toute reproduction de la composition, de la mise en page, de la couverture, et plus généralement, de tout l'aspect graphique du matériel, par quelque moyen que ce soit (photocopie, moyen électronique ou autre). Tout exemplaire des pages de cet ouvrage doit contenir la mention des droits d'auteurs.

Upbility Publications LTD, 81-83 Grivas Digenis Avenue, 1090 Nicosia, Cyprus

e-mail: info@upbility.fr
Auteur : Aliki Kassotaki - Orthophoniste MSc, BSc
Traduction et relecture : Kaliopi Lolos

Table des matières

1. Je range mes jouets 7
2. Je m'habille seul(e) 10
3. Je mets le linge sale dans le panier 13
4. J'utilise la fourchette et la cuillère 16
5. Je dresse la table 19
6. Je débarrasse la table 22
7. Je brosse mes dents 25
8. Je vais à la toilette 28
9. Je me lave les mains 31
10. Je brosse mes cheveux 34
11. Je me lave seul(e) 37
12. Tâches ménagères quotidiennes (balayer) 40
13. Tâches ménagères quotidiennes (dépoussiérer) 43
14. Je fais mon lit 46
15. Je prends soin de mon animal de compagnie 49
16. Je choisis mes vêtements 52
17. J'utilise le téléphone 55
18. Je connais mon prénom et mon nom, mon adresse et mon numéro de téléphone. 58
19. J'utilise l'ordinateur 61
20. Je range mon armoire 64
21. Je range ma chambre 67
22. Je nettoie la salle de bain après l'avoir utilisée 70
23. Je sors les poubelles 73
24. Je range les courses 76
25. J'utilise le couteau avec prudence 79
26. Je prépare un sandwich 82
27. Je prépare une salade 85
28. Je prépare une omelette 88
29. Je coupe mes ongles 91
30. Je fais la vaisselle 94
31. J'achète à manger à la cantine 97
32. J'effectue un travail de couture simple 100
33. Je commande à manger au restaurant 103
34. J'utilise le réveil 106
35. Je gère mon argent 109
36. J'utilise la machine à laver 112
37. J'utilise le lave-vaisselle 115
38. Je repasse des vêtements 118
39. Je prépare un plat 121

Table des matières

40. J'utilise des outils (tournevis, marteau, etc.) 124
41. Je reste seul(e) à la maison 127
42. Je fais du shopping 130
43. Je gère mon temps 133
44. J'utilise les moyens de transports (bus) 136
45. J'utilise les moyens de transports (métro) 139
46. Je lis les étiquettes sur les produits 142
47. J'utilise le four 145
48. Je lis et je comprends les notices des médicaments 148
49. Je fais mes courses au supermarché 151
50. Je vais au cinéma 154

Compétences de la vie courante

Définition

Les compétences de la vie courante sont des comportements adaptatifs et positifs qui permettent aux individus de faire face efficacement aux exigences et aux défis de la vie quotidienne.

Les compétences qui peuvent être considérées comme des compétences de la vie courante sont innombrables, et la nature et la définition de ces compétences peuvent différer selon les cultures et les contextes. Cependant, l'analyse du domaine des compétences de la vie courante met en évidence un ensemble de compétences de base basé sur la promotion de la santé et du bien-être des enfants et des adolescents.

Ces compétences sont les suivantes :

- Prise de décisions
- Résolution de problèmes
- Pensée créative
- Pensée critique
- Communication efficace
- Compétences interpersonnelles
- Connaissance de soi
- Empathie
- Gestion des émotions
- Gestion du stress

Compétences de la vie courante

- La prise de décisions nous aide à affronter nos vies de manière constructive. Cela peut avoir des conséquences. Nous évaluons les différentes options et l'impact des différentes décisions.

- La résolution de problèmes nous permet d'affronter les problèmes de notre vie de manière constructive. Des problèmes importants non résolus peuvent provoquer un grand stress.

- La pensée créative contribue à la fois à la prise de décisions et à la résolution de problèmes, en nous permettant d'explorer les alternatives disponibles et les diverses conséquences de nos actions. Elle peut nous aider à nous adapter de manière flexible aux situations de notre vie quotidienne.

- La pensée critique est la capacité d'analyser objectivement les informations et les expériences. La pensée critique contribue à notre bien-être en nous aidant à identifier et à évaluer les facteurs qui influencent les attitudes et les comportements, tels que les valeurs, la pression des pairs et les médias.

- Une communication efficace signifie que nous sommes en mesure d'exprimer nos opinions et nos désirs, mais aussi nos besoins et nos craintes, de demander des conseils ou de l'aide chaque fois que nous en avons besoin.

- Les compétences interpersonnelles nous aident à établir une relation positive avec les personnes avec lesquelles nous interagissons. Être capable de créer et de maintenir des relations amicales peut être d'une grande importance pour notre bien-être mental et social. Entretenir de bonnes relations avec les membres de la famille est sont une source importante de soutien social. Nous devons également être capables de mettre fin à une relation de manière constructive.

- La connaissance de soi implique la connaissance de nous-mêmes, de notre caractère, de nos forces, de nos capacités et de nos souhaits. Le développement de la connaissance de soi est souvent une condition préalable à une communication et des relations interpersonnelles efficaces, ainsi qu'au développement de l'empathie.

- L'empathie peut nous aider à comprendre et à accepter d'autres personnes qui peuvent être très différentes de nous. Cela peut également nous encourager à nous tourner vers les personnes qui ont besoin de soins et d'aide.

- La gestion des émotions implique de reconnaître nos émotions et celles des autres, en étant conscient de la façon dont ces émotions influencent le comportement. Des émotions fortes, telles que la colère ou la tristesse, peuvent avoir un impact négatif sur notre santé si nous ne les gérons pas correctement

Compétences de la vie courante

→ La gestion du stress aide à reconnaître les sources de stress dans notre vie, reconnaître comment il nous affecte et agir de manière à aider à contrôler ses niveaux, par exemple en modifiant notre environnement naturel ou notre mode de vie.

Structure du contenu

Le livre « Compétences de la vie courante » contient 50 activités de la vie quotidienne des enfants et des adolescents réparties en trois étapes :

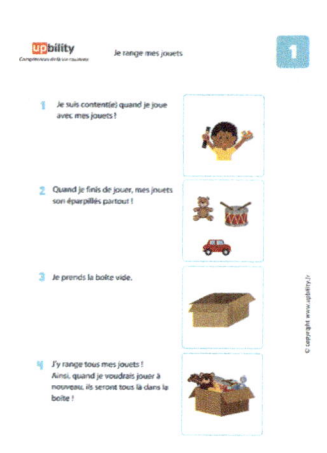

Première étape :

Cette étape présente une histoire avec une illustration afin que l'enfant puisse comprendre l'activité sur laquelle il va travailler.

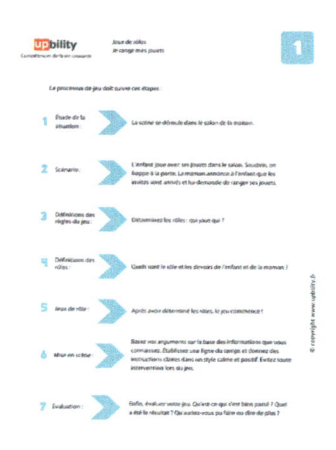

Deuxième étape :

Elle comprend des questions pour développer les compétences suivantes :
Prise de décisions
Résolution de problèmes
Pensée créative
Pensée critique
Communication efficace
Compétences interpersonnelles
Connaissance de soi
Empathie
Gestion des émotions
Gestion du stress

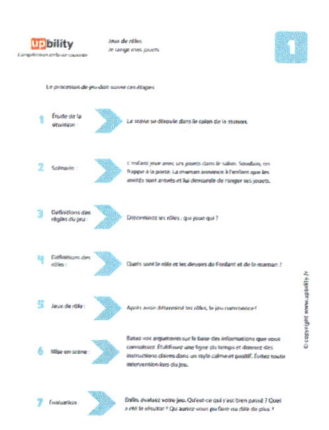

Troisième étape :

Elle comprend des jeux de rôles pour activer les émotions, développer les fonctions cognitives, linguistiques et motrices et généraliser les compétences ci-dessus.

Je range mes jouets

1 Je suis content(e) quand je joue avec mes jouets !

2 Quand je finis de jouer, mes jouets son éparpillés partout !

3 Je prends la boîte vide.

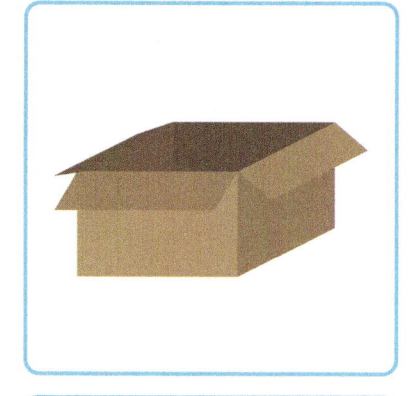

4 J'y range tous mes jouets ! Ainsi, quand je voudrais jouer à nouveau, ils seront tous là dans la boîte !

upbility
Compétences de la vie courante

Je range mes jouets

1

1	Prise de décisions :	Que fais-tu quand tu finis de jouer ?
2	Résolution du problème :	Si tu ne ranges pas tes jouets quand tu as fini de jouer, que se passe-t-il ?
3	Pensée créative :	Quel est ton jouet préféré ? Où se trouve-t-il maintenant ?
4	Pensée critique :	Pourquoi faut-il ranger tes jouets ?
5	Communication efficace :	Tu as fini de jouer et tu es très fatigué(e). Tes jouets sont éparpillés dans la chambre. Que fais-tu ?
6	Relations interpersonnelles :	Tu invites un ami à jouer à la maison. Que fais-tu au début ? Que vas-tu faire quand vous aurez fini de jouer ?
7	Connaissance de soi :	Quand tu finis de jouer, tu ramasses tes jouets. Pourquoi ?
8	Empathie :	Tu es chez un ami et vous avez fini de jouer. Celui-ci veut ranger les jouets, qui sont éparpillés dans sa chambre. À quoi penses-tu ? Que vas-tu faire ?
9	Gestion des émotions :	Que ressens-tu quand tu joues avec tes jouets préférés ? Pourquoi ?
10	Gestion du stress :	Si tu veux jouer avec un jouet, et que tu ne le trouves pas, que ressens-tu ? Que vas-tu faire ?

upbility
Compétences de la vie courante

Jeux de rôles
Je range mes jouets

1

Le processus de jeu doit suivre ces étapes :

1 Étude de la situation : ➤ La scène se déroule dans le salon de la maison.

2 Scénario : ➤ L'enfant joue avec ses jouets dans le salon. Soudain, on frappe à la porte. La maman annonce à l'enfant que les invités sont arrivés et lui demande de ranger ses jouets.

3 Définitions des règles du jeu : ➤ Déterminez les rôles : qui joue qui ?

4 Définitions des rôles : ➤ Quels sont les rôles et les tâches de l'enfant et de la maman ?

5 Jeux de rôle : ➤ Après avoir déterminé les rôles, le jeu commence !

6 Mise en scène : ➤ Basez vos arguments sur les informations que vous connaissez. Établissez une ligne du temps et donnez des instructions claires dans un style calme et positif. Évitez toute intervention lors du jeu.

7 Évaluation : ➤ Enfin, évaluez votre jeu. Qu'est-ce qui s'est bien passé ? Quel a été le résultat ? Qu'auriez-vous pu faire ou dire de plus ?

© copyright www.upbility.fr

Je m'habille seul(e)

1 Je mets d'abord les sous-vêtements : le slip, le débardeur et les chaussettes.

2 Je mets ensuite le pantalon et le pull.

3 À la fin, je mets les chaussures.

4 Quand je suis prêt(e) à sortir de la maison, je mets mon anorak.

upbility
Compétences de la vie courante

Je m'habille seul(e)

2

1	Prise de décisions :	Que fais-tu quand tu sors de la salle de bain ?
2	Résolution du problème :	Tu es à l'école et un enfant te lance de l'eau. Ton pull est mouillé ! Que fais-tu ?
3	Pensée créative :	Quels sont tes vêtements préférés et pourquoi ?
4	Pensée critique :	Pourquoi portons-nous des vêtements chauds en hiver ?
5	Communication efficace :	Tu es dans un magasin et la vendeuse essaie de persuader ta maman d'acheter un vêtement que tu n'aimes pas. Que fais-tu ?
6	Relations interpersonnelles :	Ta petite sœur a besoin d'aide pour s'habiller. Comment peux-tu l'aider ? Que doit-elle mettre d'abord, ensuite et à la fin ?
7	Connaissance de soi :	Peux-tu t'habiller seul(e) ? Que trouves-tu difficile dans le fait de t'habiller ?
8	Empathie :	Tu es à l'école, et un enfant essaie de nouer les lacets de ses chaussures, mais n'y arrive pas. À quoi penses-tu ? Que vas-tu faire ?
9	Gestion des émotions :	Que ressens-tu quand tu arrives à t'habiller seul(e) ? Pourquoi ?
10	Gestion du stress :	Tu es en retard pour l'école, tu essaies depuis quelques minutes de fermer le bouton de ton pantalon, mais tu n'y arrives pas. Que vas-tu faire ?

© copyright www.upbility.fr

upbility
Compétences de la vie courante

Jeux de rôles
Je m'habille seul(e)

2

Le processus de jeu doit suivre ces étapes :

1 Étude de la situation : ▶ La scène se déroule dans la chambre.

2 Scénario : ▶ L'enfant est invité à l'anniversaire de son meilleur ami. Il veut porter quelque chose qui sort de l'ordinaire pour cette journée spéciale. Il demande l'aide de sa maman.

3 Définitions des règles du jeu : ▶ Déterminez les rôles : qui joue qui ?

4 Définitions des rôles : ▶ Quels sont les rôles et les tâches de l'enfant et de la maman ?

5 Jeux de rôle : ▶ Après avoir déterminé les rôles, le jeu commence !

6 Mise en scène : ▶ Basez vos arguments sur les informations que vous connaissez. Établissez une ligne du temps et donnez des instructions claires dans un style calme et positif. Évitez toute intervention lors du jeu.

7 Évaluation : ▶ Enfin, évaluez votre jeu. Qu'est-ce qui s'est bien passé ? Quel a été le résultat ? Qu'auriez-vous pu faire ou dire de plus ?

© copyright www.upbility.fr

Je mets le linge sale dans le panier

1 J'enlève les vêtements sales.

2 Je les ramasse.

3 Et je les mets dans le panier à linge.

4 Maintenant, les vêtements sales sont dans le panier. Ainsi, maman va les voir et les laver. Et mes vêtements seront à nouveau propres !

upbility
Compétences de la vie courante

Je mets le linge sale dans le panier

3

1	Prise de décisions :	Que fais-tu quand tu enlèves tes vêtements sales ?
2	Résolution du problème :	Tu as oublié de mettre tes chaussettes sales dans le panier à linge. Que vas-tu faire ?
3	Pensée créative :	Pourquoi lave-t-on les vêtements ?
4	Pensée critique :	Pourquoi met-on le linge sale dans le panier ?
5	Communication efficace :	Tu as retiré tes vêtements sales, mais tu ne trouves pas le panier à linge ! Que fais-tu ?
6	Relations interpersonnelles :	Ta petite sœur ne ramasse jamais son linge sale dans sa chambre. Que peux-tu faire ? Comment peux-tu l'aider ?
7	Connaissance de soi :	Tu mets ton linge sale dans le panier ?
8	Empathie :	Maman se fâche quand on ne met pas le linge sale dans le panier ? Que peux-tu faire ?
9	Gestion des émotions :	Que ressens-tu quand Maman te félicite d'avoir mis le linge sale dans le panier ?
10	Gestion du stress :	Il est tard et tu as sommeil. Tu ne peux pas ramasser ton linge sale mais tu sais que ta maman se fâchera. Que vas-tu faire ?

upbility
Compétences de la vie courante

Jeux de rôles
Je mets le linge sale dans le panier

3

Le processus de jeu doit suivre ces étapes :

1 Étude de la situation : → La scène se déroule dans la maison.

2 Scénario : → L'enfant vient de sortir de la salle de bain et ses vêtements sont dispersés par terre. Sa maman se préparer à mettre une machine à laver.

3 Définitions des règles du jeu : → Déterminez les rôles : qui joue qui ?

4 Définitions des rôles : → Quels sont les rôles et les tâches de l'enfant et de la maman ?

5 Jeux de rôle : → Après avoir déterminé les rôles, le jeu commence !

6 Mise en scène : → Basez vos arguments sur les informations que vous connaissez. Établissez une ligne du temps et donnez des instructions claires dans un style calme et positif. Évitez toute intervention lors du jeu.

7 Évaluation : → Enfin, évaluez votre jeu. Qu'est-ce qui s'est bien passé ? Quel a été le résultat ? Qu'auriez-vous pu faire ou dire de plus ?

© copyright www.upbility.fr

upbility
Compétences de la vie courante

J'utilise une fourchette et une cuillère

4

1. Quand Maman sert à manger, je tiens toujours une fourchette ou une cuillère à la main.

2. Quand Maman sert de la viande ou des pommes de terre, je mange avec la fourchette.

3. Quand Maman sert de la soupe, je mange avec la cuillère.

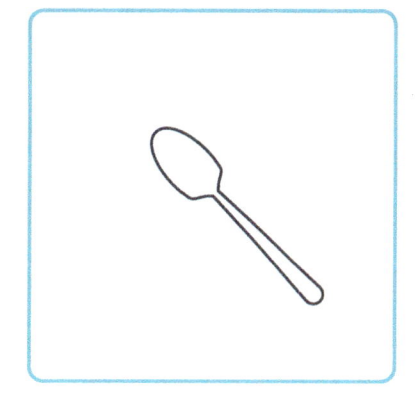

4. Je suis content(e) de pouvoir manger avec une fourchette et une cuillère.

© copyright www.upbility.fr

upbility
Compétences de la vie courante

J'utilise une fourchette et une cuillère

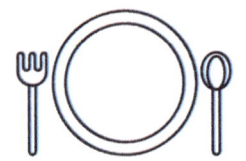

4

---

1 — Prise de décisions : Quels plats peux-tu manger avec une fourchette, et quels plats avec une cuillère ?

2 — Résolution du problème : Il est l'heure de manger, mais il n'y a pas de fourchettes propres dans le tiroir. Il n'y a que des cuillères. Le plat que Maman a préparé est du poulet avec des pommes de terre. Que fais-tu ?

3 — Pensée créative : De quoi te sers-tu le plus facilement : de la fourchette ou de la cuillère ?

4 — Pensée critique : Pourquoi mange-t-on avec des couverts et non avec les mains ?

5 — Communication efficace : Tu es au restaurant avec tes parents. On vous a servi les plats, tout le monde commence à manger, mais tu n'as reçu pas de couverts. Que fais-tu ?

6 — Relations interpersonnelles : Ta petite sœur a besoin d'aide pour manger. Comment vas-tu l'aider ? Que vas-tu lui dire ?

7 — Connaissance de soi : Peux-tu manger seul(e) avec une fourchette et une cuillère ?

8 — Empathie : Tu es à l'école, et un enfant essaie de manger avec une cuillère, mais il n'y arrive pas ! À quoi penses-tu ? Que fais-tu ?

9 — Gestion des émotions : Que ressens-tu quand tu arrives à manger seul(e) avec une fourchette et une cuillère ? Pourquoi ?

10 — Gestion du stress : Tu es au restaurant et on vient de te servir une soupe. Tu as très faim, mais la soupe est brûlante ! Que fais-tu ?

© copyright www.upbility.fr

upbility
Compétences de la vie courante

Jeux de rôles
J'utilise une fourchette et une cuillère

4

Le processus de jeu doit suivre ces étapes :

1 Étude de la situation : → La scène se déroule au restaurant.

2 Scénario : → L'enfant est au restaurant avec ses parents. Devant lui sont disposés l'assiette, le couteau et la cuillère. Le garçon de salle commence à servir la famille. L'enfant va-t-il se servir correctement de ses couverts ?

3 Définitions des règles du jeu : → Déterminez les rôles : qui joue qui ?

4 Définitions des rôles : → Quels sont les rôles et les tâches de l'enfant, du garçon de salle et des parents ?

5 Jeux de rôle : → Après avoir déterminé les rôles, le jeu commence !

6 Mise en scène : → Basez vos arguments sur les informations que vous connaissez. Établissez une ligne du temps et donnez des instructions claires dans un style calme et positif. Évitez toute intervention lors du jeu.

7 Évaluation : → Enfin, évaluez votre jeu. Qu'est-ce qui s'est bien passé ? Quel a été le résultat ? Qu'auriez-vous pu faire ou dire de plus ?

© copyright www.upbility.fr

upbility
Compétences de la vie courante

Je dresse la table

1 Quand Maman dresse la table, j'aime l'aider !

2 J'apporte d'abord les assiettes et les couverts.

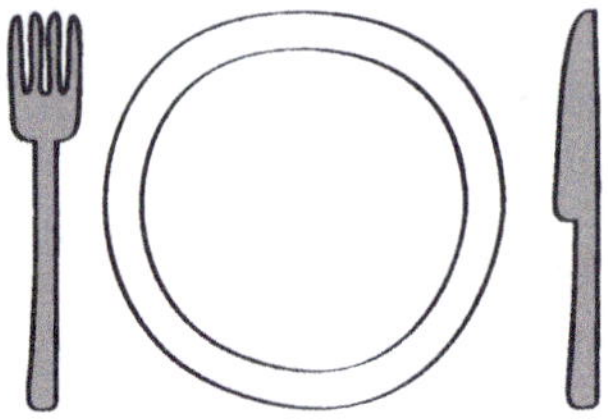

3 Ensuite, j'apporte le pain et les verres.

4 Maman, quant à elle, apporte le plat. Je suis heureux d'aider Maman à dresser la table.

Je dresse la table

1. Prise de décisions : Comment aides-tu ta maman à dresser la table ?

2. Résolution du problème : Alors que tu apportes les assiettes à table pour le déjeuner, tu trébuches et les assiettes tombent par terre et se cassent ! Que fais-tu ?

3. Pensée créative : Que préfères-tu lorsque tu dresses la table, et pourquoi ?

4. Pensée critique : Pourquoi est-ce bien d'aider à dresser la table ?

5. Communication efficace : Maman a besoin d'aider pour dresser la table, mais à ce moment-là, tu es en train de jouer avec ton jouet préféré. Que fais-tu ?

6. Relations interpersonnelles : La petite sœur veut également aider à dresser la table ! Que vas-tu lui dire ? Comment vas-tu l'aider ?

7. Connaissance de soi : Aides-tu à dresser la table ? Que fais-tu d'habitude ?

8. Empathie : Un ami t'as invité(e) à déjeuner chez lui. Pendant la préparation, sa maman lui demande de l'aide, mais ton ami ne répond pas. À quoi penses-tu ? Que vas-tu faire ?

9. Gestion des émotions : Que ressens-tu lorsque tu aides à dresser la table ? Pourquoi ?

10. Gestion du stress : Vous avez des invités à la maison pour le dîner, mais ta maman n'a pas le temps de les servir. Que fais-tu ?

upbility
Compétences de la vie courante

Jeux de rôles
Je dresse la table

S

Le processus de jeu doit suivre ces étapes :

1 Étude de la situation : → Le jeu se déroule dans la maison.

2 Scénario : → L'enfant est heureux car il attend avec impatience ses grands-parents. Il aide sa maman à dresser la table.

3 Définitions des règles du jeu : → Déterminez les rôles : qui joue qui ?

4 Définitions des rôles : → les rôles et les tâches de l'enfant et de la maman ?

5 Jeux de rôle : → Après avoir déterminé les rôles, le jeu commence !

6 Mise en scène : → Basez vos arguments sur les informations que vous connaissez. Établissez une ligne du temps et donnez des instructions claires dans un style calme et positif. Évitez toute intervention lors du jeu.

7 Évaluation : → Enfin, évaluez votre jeu. Qu'est-ce qui s'est bien passé ? Quel a été le résultat ? Qu'auriez-vous pu faire ou dire de plus ?

upbility
Compétences de la vie courante

Je débarrasse la table

6

1 Quand le repas est terminé, j'aide Maman à débarrasser la table.

2 Je prends les assiettes vides, les couverts, et je les dépose dans l'évier.

3 Ensuite, je nettoie la table.

4 Je suis content(e) de pouvoir aider moi aussi !

© copyright www.upbility.fr

Je débarrasse la table

6

1. Prise de décisions : Que fais-tu à la fin du repas ?

2. Résolution du problème : Vous venez de terminer le repas, et ta maman doit partir immédiatement au bureau. Que fais-tu ?

3. Pensée créative : Pourquoi est-ce bien d'aider à débarrasser la table après les repas ?

4. Pensée critique : Pourquoi est-ce bien de débarrasser la table juste après le repas ?

5. Communication efficace : Vous venez de terminer le repas, mais tu n'as pas envie d'aider à débarrasser la table. Que vas-tu dire ? Que vas-tu faire ?

6. Relations interpersonnelles : Ta petite sœur n'aide jamais à débarrasser la table. Que peux-tu faire ?

7. Connaissance de soi : Est-ce tu aides à débarrasser la table après les repas ? Comment ? Que fais-tu ?

8. Empathie : Ton ami n'aide jamais à débarrasser la table après les repas. Qu'en penses-tu ? Que peux-tu lui dire ?

9. Gestion des émotions : Que ressens-tu quand tu aides à débarrasser la table après les repas ? Pourquoi ?

10. Gestion du stress : Vous venez de terminer le repas et tu as prévu de sortir avec tes amis. Tu n'as pas le temps d'aider à débarrasser ta table. Que fais-tu ?

upbility
Compétences de la vie courante

Jeux de rôles
Je débarrasse la table

6

Le processus de jeu doit suivre ces étapes :

1 Étude de la situation : ➤ La scène se déroule dans la maison.

2 Scénario : ➤ La famille vient de terminer le repas et l'enfant propose de débarrasser la table.

3 Définitions des règles du jeu : ➤ Déterminez les rôles : qui joue qui ?

4 Définitions des rôles : ➤ Quels sont les rôles et les tâches de l'enfant et de la famille ?

5 Jeux de rôle : ➤ Après avoir déterminé les rôles, le jeu commence !

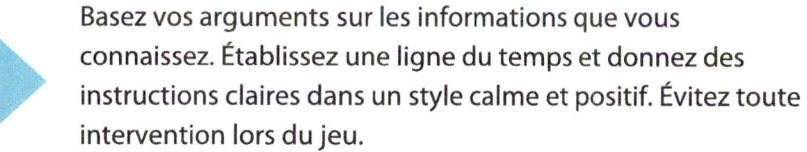

6 Mise en scène : ➤ Basez vos arguments sur les informations que vous connaissez. Établissez une ligne du temps et donnez des instructions claires dans un style calme et positif. Évitez toute intervention lors du jeu.

7 Évaluation : ➤ Enfin, évaluez votre jeu. Qu'est-ce qui s'est bien passé ? Quel a été le résultat ? Qu'auriez-vous pu faire ou dire de plus ?

© copyright www.upbility.fr

Je brosse mes dents

1 Chaque matin et chaque soir, je brosse tout(e) seul(e) mes dents ! Je prends d'abord la brosse à dent.

2 Je mets ensuite du dentifrice.

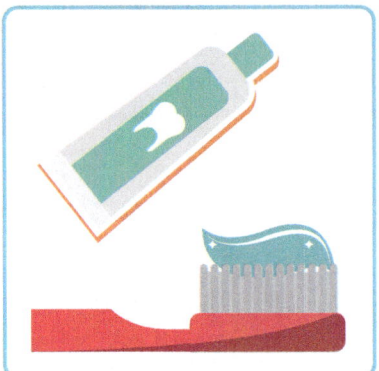

3 Ensuite, je brosse bien mes dents, devant et derrière.

4 À la fin, je rince ma bouche, je nettoie ma brosse à dent et j'essuie mon visage !

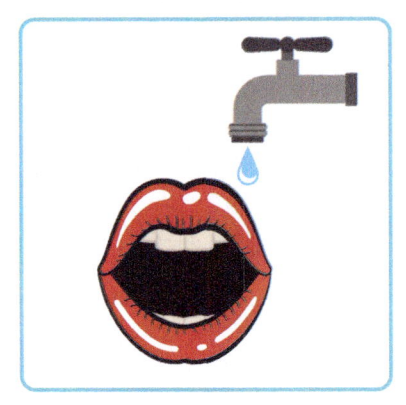

Je brosse mes dents

1. Prise de décisions : Quand faut-il brosser ses dents ?

2. Résolution du problème : Tu es dans la salle de bain pour brosser tes dents, mais tu remarques qu'il n'y a presque plus de dentifrice ! Que fais-tu ?

3. Pensée créative : Pourquoi devons-nous aller régulièrement chez le dentiste ?

4. Pensée critique : Pourquoi devons-nous brosser nos dents ?

5. Communication efficace : Tu remarques qu'une dent te fait mal. Que fais-tu ?

6. Relations interpersonnelles : Ta petite sœur a besoin d'aide pour brosser ses dents. Que vas-tu faire pour l'aider ?

7. Connaissance de soi : Peux-tu brosser seul(e) tes dents ?

8. Empathie : Tu es à l'école et tu vois un enfant qui a des dents cariées ! Que penses-tu ?

9. Gestion des émotions : Que ressens-tu quand tu brosses tes dents ? Pourquoi ?

10. Gestion du stress : Tu es très fatigué(e) et tu veux dormir, mais tu n'as pas brossé tes dents. Que fais-tu ?

upbility
Compétences de la vie courante

Jeux de rôles
Je brosse mes dents

7

Le processus de jeu doit suivre ces étapes :

1 Étude de la situation : → La scène se déroule dans la maison.

2 Scénario : → Il est tard, Maman éteint la télévision et dit aux enfants d'aller brosser les dents et de se préparer à dormir.

3 Définitions des règles du jeu : → Déterminez les rôles : qui joue qui ?

4 Définitions des rôles : → Quels sont les rôles et les tâches des enfants et de la maman ?

5 Jeux de rôle : → Après avoir déterminé les rôles, le jeu commence !

6 Mise en scène : → Basez vos arguments sur les informations que vous connaissez. Établissez une ligne du temps et donnez des instructions claires dans un style calme et positif. Évitez toute intervention lors du jeu.

7 Évaluation : → Enfin, évaluez votre jeu. Qu'est-ce qui s'est bien passé ? Quel a été le résultat ? Qu'auriez-vous pu faire ou dire de plus ?

© copyright www.upbility.fr

Je vais à la toilette

1. Je vais seul(e) à la toilette. D'abord, je descends mon pantalon et mon slip.

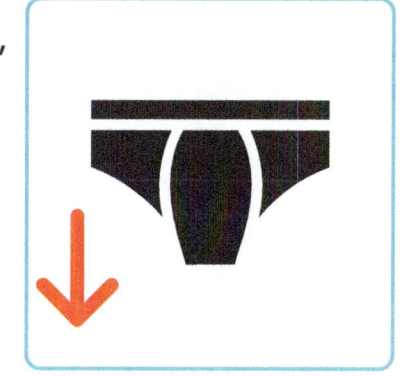

2. Je m'assieds ensuite sur la toilette.

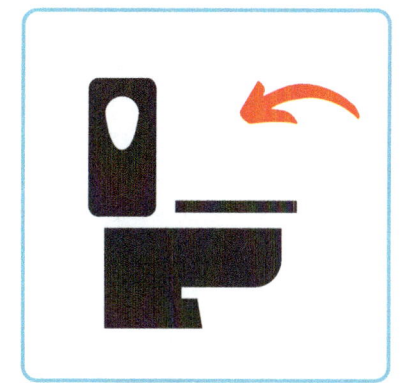

3. Quand j'ai fini, j'utilise le papier-toilette pour m'essuyer. Je jette le papier dans la poubelle.

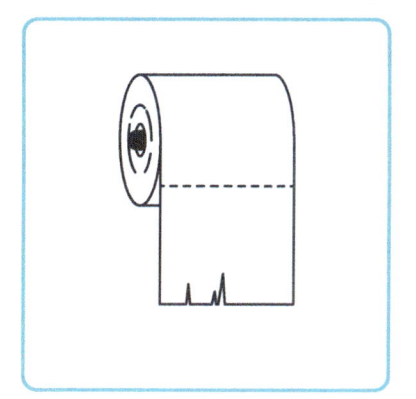

4. Je remets mon slip et mon pantalon. Je tire la chasse. Je lave mes mains. Je les essuie et le suis prêt(e).

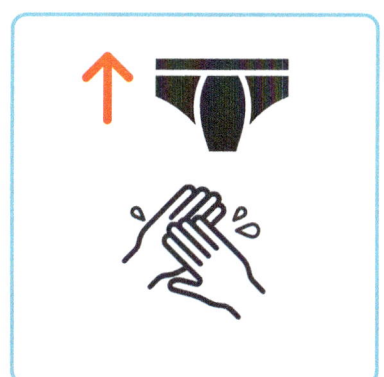

upbility
Compétences de la vie courante

Je vais à la toilette

8

1. **Prise de décisions :** Comment est-ce que j'utilise les toilettes ? Que dois-je faire d'abord, ensuite, et à la fin ?

2. **Résolution du problème :** Tu es à la toilette et tu remarques qu'il n'y a plus de papier-toilette ! Que fais-tu ?

3. **Pensée créative :** Quand tu entres dans une toilette sale, que fais-tu ?

4. **Pensée critique :** Pourquoi dois-tu toujours laver tes mains après avoir été à la toilette ?

5. **Communication efficace :** Tu es dehors, dans la rue, et tu as un besoin urgent d'aller à la toilette ! Que vas-tu faire ?

6. **Relations interpersonnelles :** Ta petite sœur vient de sortir de la salle de bain mais n'a pas tiré la chasse. Que vas-tu faire ? Que vas-tu lui dire ?

7. **Connaissance de soi :** Vas-tu seul(e) à la toilette ?

8. **Empathie :** Tu es à l'école. Un enfant n'a pas eu le temps d'aller à la toilette et a mouillé son pantalon. À quoi penses-tu ? Que vas-tu faire ?

9. **Gestion des émotions :** Que ressens-tu quand tu vas seul(e) à la toilette, sans avoir besoin d'aide ? Pourquoi ?

10. **Gestion du stress :** Tu es en retard pour l'école, et tu n'as pas le temps d'aller à la toilette. Que vas-tu faire ?

upbility
Compétences de la vie courante

Jeux de rôles
Je vais à la toilette

8

Le processus de jeu doit suivre ces étapes :

1 Étude de la situation : ▶ La scène se déroule dans la maison.

2 Scénario : ▶ L'enfant veut aller d'urgence à la toilette, parce qu'il a mal au ventre, mais son frère s'y trouve déjà.

3 Définitions des règles du jeu : ▶ Déterminez les rôles : qui joue qui ?

4 Définitions des rôles : ▶ Quels sont les rôles et les tâches des frères ?

5 Jeux de rôle : ▶ Après avoir déterminé les rôles, le jeu commence !

6 Mise en scène : ▶ Basez vos arguments sur les informations que vous connaissez. Établissez une ligne du temps et donnez des instructions claires dans un style calme et positif. Évitez toute intervention lors du jeu.

7 Évaluation : ▶ Enfin, évaluez votre jeu. Qu'est-ce qui s'est bien passé ? Quel a été le résultat ? Qu'auriez-vous pu faire ou dire de plus ?

Je me lave les mains

1 Après avoir joué, et avant de manger, je me lave toujours les mains.

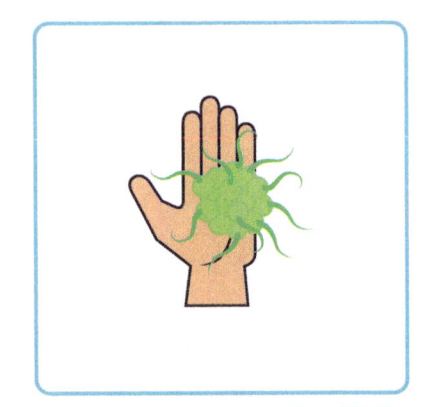

2 Je vais à la salle de bain.

3 J'ouvre le robinet, et je mets du savon sur mes mains.

4 Je les frotte l'une contre l'autre, je les rince bien et ensuite je les essuie. Maintenant, mes mains sont propres !

upbility
Compétences de la vie courante

Je me lave les mains

9

1	Prise de décisions :	Que fais-tu avant de manger ?
2	Résolution du problème :	Tu t'assieds à table pour déjeuner, mais soudain, tu te rappelles que tu n'as pas lavé tes mains. Que vas-tu faire ?
3	Pensée créative :	Où peux-tu te laver les mains ?
4	Pensée critique :	Pourquoi se lave-t-on les mains avant de manger ?
5	Communication efficace :	Tu es au restaurant, tu veux laver tes mains mais tu ne sais pas où se trouvent les toilettes. Que fais-tu ?
6	Relations interpersonnelles :	Ta petite sœur a besoin d'aide pour laver ses mains. Comment vas-tu l'aider ? Que vas-tu lui dire ?
7	Connaissance de soi :	Te laves-tu les mains avant de manger ?
8	Empathie :	Tu es à l'école et tu te prépares à déjeuner. L'enfant qui est assis à côté de toi a les mains sales. Que penses-tu ? Que fais-tu ?
9	Gestion des émotions :	Que ressens-tu quand tes mains sont propres ? Que ressens-tu quand tes mains sont sales ?
10	Gestion du stress :	Tes mains sont très sales parce que tu jouais dans la boue, mais tu es dehors, et il n'y a pas de lavabo pour te laver les mains. Que vas-tu faire ?

© copyright www.upbility.fr

upbility
Compétences de la vie courante

Jeux de rôles
Je me lave les mains

9

Le processus de jeu doit suivre ces étapes :

1 Étude de la situation : → La scène se déroule dans les toilettes d'une cafétéria.

2 Scénario : → L'enfant se rend aux toilettes de la cafétéria pour laver ses mains, mais il y a du monde, et il attend dans la queue.

3 Définitions des règles du jeu : → Déterminez les rôles : qui joue qui ?

4 Définitions des rôles : → Quels sont les rôles et les tâches des personnes qui attendent dans la queue ?

5 Jeux de rôle : → Après avoir déterminé les rôles, le jeu commence !

6 Mise en scène : → Basez vos arguments sur les informations que vous connaissez. Établissez une ligne du temps et donnez des instructions claires dans un style calme et positif. Évitez toute intervention lors du jeu.

7 Évaluation : → Enfin, évaluez votre jeu. Qu'est-ce qui s'est bien passé ? Quel a été le résultat ? Qu'auriez-vous pu faire ou dire de plus ?

upbility
Compétences de la vie courante

Je brosse mes cheveux

10

1 Chaque matin, lorsque je me réveille, mes cheveux sont emmêlés.

2 Je prends la brosse et je brosse mes cheveux avec attention.

3 Ensuite, je remets la brosse à sa place.

4 Maintenant, mes cheveux sont brossés et brillants !

© copyright www.upbility.fr

upbility
Compétences de la vie courante

Je brosse mes cheveux

10

1	Prise de décisions :	Que fais-tu quand tes cheveux sont emmêlés ?
2	Résolution du problème :	Tu dois aller à un rendez-vous, mais tu n'as pas brossé tes cheveux !
3	Pensée créative :	Aimes-tu brosser tes cheveux ? Pourquoi ?
4	Pensée critique :	Pourquoi faut-il brosser ses cheveux ?
5	Communication efficace :	Tu es avec tes amis, et il y a un vent très fort. Tu ne vois rien, parce que tes cheveux s'emmêlent devant tes yeux. Que vas-tu faire ? Que vas-tu dire à tes amis ?
6	Relations interpersonnelles :	Ta petite sœur ne peut pas se coiffer seule. Comment vas-tu l'aider ? Que vas-tu lui dire ?
7	Connaissance de soi :	Est-ce que tu te coiffes seul(e) ?
8	Empathie :	Tu viens d'arriver à l'école en même temps qu'un autre enfant qui a l'air de ne pas s'être coiffé, ses cheveux semblent sales et emmêlés. Que penses-tu ? Que ressent-il, selon toi ?
9	Gestion des émotions :	Que ressens-tu quand tu te coiffes seul(e) ? Pourquoi ?
10	Gestion du stress :	Tu es en retard pour l'école, cela fait quelques instants que tu essaies de te coiffer mais tu n'y arrives pas car tes cheveux sont très emmêlés. Que fais-tu ?

© copyright www.upbility.fr

upbility
Compétences de la vie courante

Jeux de rôles
Je brosse mes cheveux

10

Le processus de jeu doit suivre ces étapes :

1 Étude de la situation : → La scène se déroule dans la maison.

2 Scénario : → L'enfant va sortir avec des amis et se prépare, mais il ne trouve pas sa brosse pour se coiffer. Il demande l'aide de sa maman.

3 Définitions des règles du jeu : → Déterminez les rôles : qui joue qui ?

4 Définitions des rôles : → Quels sont les rôles et les tâches de l'enfant et de la maman ?

5 Jeux de rôle : → Après avoir déterminé les rôles, le jeu commence !

6 Mise en scène : → Basez vos arguments sur les informations que vous connaissez. Établissez une ligne du temps et donnez des instructions claires dans un style calme et positif. Évitez toute intervention lors du jeu.

7 Évaluation : → Enfin, évaluez votre jeu. Qu'est-ce qui s'est bien passé ? Quel a été le résultat ? Qu'auriez-vous pu faire ou dire de plus ?

© copyright www.upbility.fr

Je me lave seul(e)

1 D'abord, je me déshabille.

2 Ensuite, j'entre dans la baignoire ou la douche. J'ouvre le robinet. Je mets du shampoing et je lave mes cheveux.

3 Ensuite, je prends une éponge de bain, j'y mets du savon, et je frotte mon corps.

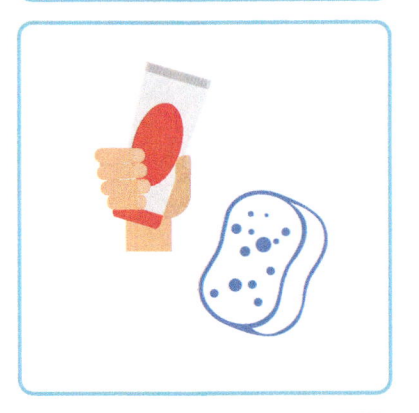

4 À la fin, je me rince bien avec de l'eau et je m'essuie.

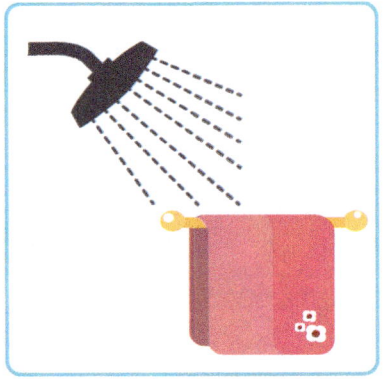

Je me lave seul(e)

11

1. Prise de décisions : Que fais-tu quand tu sors de la salle de bain ?

2. Résolution du problème : Tu viens de sortir de la salle de bain et tu t'assieds pour manger. Malencontreusement, tu te mets du miel dans les cheveux. Que fais-tu ?

3. Pensée créative : Quand aimes-tu te laver et pourquoi ?

4. Pensée critique : Pourquoi nous lavons-nous ?

5. Communication efficace : Tu dois prendre une douche mais tu n'en as pas envie. Que fais-tu ?

6. Relations interpersonnelles : Ta petite sœur prend sa douche mais elle a oublié de prendre une serviette et ne peut donc pas s'essuyer. Que vas-tu faire ? Comment vas-tu l'aider ?

7. Connaissance de soi : Te laves-tu seul(e) ?

8. Empathie : Ta maman dit à ton frère de prendre une douche, mais celui-ci ne veut pas. Que penses-tu ? Que penses-tu que ressent ton frère ?

9. Gestion des émotions : Que ressens-tu lorsque tu sors de la douche et que tu es propre ? Pourquoi ?

10. Gestion du stress : Tu rentres à la maison après ton entraînement, tu es fatigué(e) et tu transpires, mais tu te rends compte qu'il n'y a pas d'eau chaude pour prendre un bain. Que fais-tu ?

upbility
Compétences de la vie courante

Jeux de rôles
Je me lave seul(e)

11

Le processus de jeu doit suivre ces étapes :

1 Étude de la situation : ➤ La scène se déroule dans le salon de la maison.

2 Scénario : ➤ L'enfant vient d'entrer sous la douche pour se laver, mais soudain, il n'y a plus d'eau chaude. Il appelle sa maman pour l'aider.

3 Définitions des règles du jeu : ➤ Déterminez les rôles : qui joue qui ?

4 Définitions des rôles : ➤ Quels sont les rôles et les tâches de l'enfant et de la maman ?

5 Jeux de rôle : ➤ Après avoir déterminé les rôles, le jeu commence !

6 Mise en scène : ➤ Basez vos arguments sur les informations que vous connaissez. Établissez une ligne du temps et donnez des instructions claires dans un style calme et positif. Évitez toute intervention lors du jeu.

7 Évaluation : ➤ Enfin, évaluez votre jeu. Qu'est-ce qui s'est bien passé ? Quel a été le résultat ? Qu'auriez-vous pu faire ou dire de plus ?

Tâches ménagères quotidiennes (balayer)

1 J'aide moi aussi au travaux de nettoyage de la maison. Je prends d'abord le balai.

2 Ensuite, je balaie le sol.

3 Après, je prends le ramassoir et j'y mets la poussière et les déchets.

4 Pour finir, je vide le ramassoir dans la poubelle.

Tâches ménagères quotidiennes (balayer)

12

1 Prise de décisions : Quand le sol est sale, que peux-tu faire ?

2 Résolution du problème : Alors que tu tenais la boîte de céréales, celle-ci tombe et toutes les céréales se répandent sur le sol. Que fais-tu ?

3 Pensée créative : Que peux-tu faire pour aider ta maman dans le balayage ?

4 Pensée critique : Pourquoi est-ce bien d'aider ta famille dans les tâches ménagères quotidiennes ?

5 Communication efficace : Maman vient de terminer le ménage. La maison est étincelante ! Soudain, Papa entre dans la maison avec des chaussures pleines de boue ! Que fais-tu ? Que lui dis-tu ?

6 Relations interpersonnelles : Tu invites un ami à jouer à la maison. Ta maman vient de faire le ménage. Que vas-tu faire ? Que vas-tu dire à ton ami ?

7 Connaissance de soi : Peux-tu te servir du balai et du ramassoir ?

8 Empathie : Tu es chez un ami, et sa maman vous demande de faire attention car elle vient de nettoyer. Mais ton ami ne l'écoute pas et laisse beaucoup de déchets derrière lui. Que penses-tu ? Que lui dis-tu ?

9 Gestion des émotions : Que ressens-tu quand tu aides dans les tâches ménagères ? Pourquoi ?

10 Gestion du stress : Tu manges du popcorn dans le canapé en regardant un film. Quand le film est fini, tu remarques que le canapé et le sol sont sales ! Que fais-tu ?

upbility
Compétences de la vie courante

Jeux de rôles
Tâches ménagères quotidiennes (balayer)

12

Le processus de jeu doit suivre ces étapes :

1 Étude de la situation : → La scène se déroule dans la maison.

2 Scénario : → La maman fait le ménage pendant que l'enfant joue dans le salon. Il ouvre un sachet rempli de poudre brillante, qui tombe et se répand partout sur le sol. L'enfant doit réagir immédiatement, avant que la maman ne voit ce qui s'est passé.

3 Définitions des règles du jeu : → Déterminez les rôles : qui joue qui ?

4 Définitions des rôles : → Quels sont les rôles et les tâches de l'enfant et de la maman ?

5 Jeux de rôle : → Après avoir déterminé les rôles, le jeu commence !

6 Mise en scène : → Basez vos arguments sur les informations que vous connaissez. Établissez une ligne du temps et donnez des instructions claires dans un style calme et positif. Évitez toute intervention lors du jeu.

7 Évaluation : → Enfin, évaluez votre jeu. Qu'est-ce qui s'est bien passé ? Quel a été le résultat ? Qu'auriez-vous pu faire ou dire de plus ?

Tâches ménagères quotidiennes (dépoussiérer) — 13

1. J'aide moi aussi au travaux de nettoyage de la maison. D'abord, je prends un plumeau.

2. Ensuite, je dépoussière, jusqu'à ce que la poussière disparaisse.

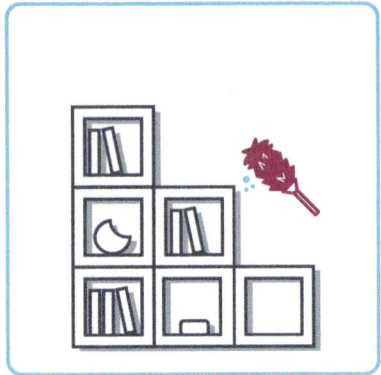

3. À la fin, je nettoie le plumeau.

4. Je suis très content(e) de pouvoir aider aux tâches ménagères !

Tâches ménagères quotidiennes (dépoussiérer) — 13

1 Prise de décisions : Quand les meubles sont remplis de poussière, que peux-tu faire ?

2 Résolution du problème : Les livres dans la bibliothèque sont remplis de poussière ! Que fais-tu ?

3 Pensée créative : Que peux-tu faire pour aider ta maman dans le nettoyage ?

4 Pensée critique : Pourquoi est-ce bien d'aider ta famille dans les tâches ménagères quotidiennes ?

5 Communication efficace : En face de la maison, on construit un nouvel immeuble. Il y a beaucoup de poussière ! Maman nettoie toute la journée. Que peux-tu faire pour l'aider ?

6 Relations interpersonnelles : Ta petite sœur veut aider dans les tâches ménagères mais elle ne sait pas quoi faire. Comment vas-tu l'aider ? Que vas-tu lui dire ?

7 Connaissance de soi : Peux-tu aider dans le nettoyage ?

8 Empathie : Tu es invité(e) chez un ami pour jouer, mais sa maison est très sale. Que penses-tu ?

9 Gestion des émotions : Que ressens-tu lorsque tu participes aux tâches ménagères ? Pourquoi ?

10 Gestion du stress : Vous passez le week-end dans votre maison de campagne, mais il y a beaucoup de poussière. La maman a peur de ne pouvoir terminer toutes les tâches ménagères. Que peux-tu faire pour l'aider ?

upbility
Compétences de la vie courante

Jeux de rôles
Tâches ménagères quotidiennes (dépoussiérer)

13

Le processus de jeu doit suivre ces étapes :

1 Étude de la situation : → La scène se déroule dans la maison des grands-parents.

2 Scénario : → L'enfant est en visite chez ses grands-parents. Il veut aider sa grand-mère dans les tâches ménagères. Ainsi, il décide de dépoussiérer les meubles. Il a cependant besoin de l'aide de sa grand-mère.

3 Définitions des règles du jeu : → Déterminez les rôles : qui joue qui ?

4 Définitions des rôles : → Quels sont les rôles et les tâches de l'enfant et de la grand-mère ?

5 Jeux de rôle : → Après avoir déterminé les rôles, le jeu commence !

6 Mise en scène : → Basez vos arguments sur les informations que vous connaissez. Établissez une ligne du temps et donnez des instructions claires dans un style calme et positif. Évitez toute intervention lors du jeu.

7 Évaluation : → Enfin, évaluez votre jeu. Qu'est-ce qui s'est bien passé ? Quel a été le résultat ? Qu'auriez-vous pu faire ou dire de plus ?

© copyright www.upbility.fr

Je fais mon lit

1 Je fais mon lit tout(e) seul(e).

2 Je plie d'abord le drap.

3 Ensuite, je secoue le coussin.

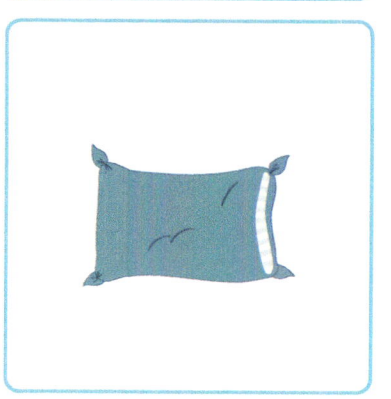

4 Et à la fin, je pose la couverture. Le lit est prêt !

Je fais mon lit

1 — Prise de décisions : Que peux-tu faire quand tu te lèves du lit ?

2 — Résolution du problème : Tu rentres de l'école et tu remarques que Maman n'a pas eu le temps de faire les lits. Que fais-tu ?

3 — Pensée créative : Pourquoi est-ce bien de faire son lit, plutôt que de le laisser tel quel ?

4 — Pensée critique : Pourquoi fait-on son lit ?

5 — Communication efficace : Maman rentre du bureau, et remarque que tu n'as pas fait ton lit. Quelle est ton excuse ? Que vas-tu faire ?

6 — Relations interpersonnelles : Ta petite sœur a besoin d'aide pour faire son lit. Comment vas-tu l'aider ? Quelles instructions vas-tu lui donner ?

7 — Connaissance de soi : Est-ce que tu fais ton lit tous les matins ?

8 — Empathie : Tu es dans la chambre de ta sœur et tu vois qu'elle a renversé son jus sur le lit. À quoi penses-tu ? Que vas-tu faire ?

9 — Gestion des émotions : Que ressens-tu quand ta maman entre dans ta chambre et que tu as déjà fait ton lit ? Pourquoi ?

10 — Gestion du stress : Tu es en retard pour l'école et tu n'as pas le temps de faire ton lit. Que fais-tu ?

upbility
Compétences de la vie courante

Jeux de rôles
Je fais mon lit

14

Le processus de jeu doit suivre ces étapes :

1 Étude de la situation : → La scène se déroule dans la chambre du camp de vacances.

2 Scénario : → L'enfant est en camp de vacances. Chaque matin, au réveil, les enfants font leur lit. C'est la première fois que l'enfant est en camp de vacances, et il demande de l'aide au chef de camp.

3 Définitions des règles du jeu : → Déterminez les rôles : qui joue qui ?

4 Définitions des rôles : → Quels sont les rôles et les tâches de l'enfant et du chef de camp ?

5 Jeux de rôle : → Après avoir déterminé les rôles, le jeu commence !

6 Mise en scène : → Basez vos arguments sur les informations que vous connaissez. Établissez une ligne du temps et donnez des instructions claires dans un style calme et positif. Évitez toute intervention lors du jeu.

7 Évaluation : → Enfin, évaluez votre jeu. Qu'est-ce qui s'est bien passé ? Quel a été le résultat ? Qu'auriez-vous pu faire ou dire de plus ?

© copyright www.upbility.fr

upbility
Compétences de la vie courante

Je prends soin de mon animal de compagnie

15

1. J'aime prendre soin de notre petit chien.

2. L'après-midi, quand je rentre de l'école, je lui mets des croquettes et de l'eau dans son bol.

3. Parfois, je lui brosse les poils.

4. Et j'aide aussi parfois mon papa à lui donner son bain.

Je prends soin de mon animal de compagnie

1 — Prise de décisions : Que fais-tu lorsque tu te rends compte que ton animal de compagnie a besoin de faire une promenade ?

2 — Résolution du problème : Tu remarques que ton animal de compagnie n'a plus de croquettes. Que fais-tu ?

3 — Pensée créative : Quel est ton moment préféré avec ton animal de compagnie ?

4 — Pensée critique : Pourquoi est-ce bien de prendre soin de son animal de compagnie ?

5 — Communication efficace : Tu es sur le point de sortir avec tes amis, et soudain, tu te rappelles que tu n'as pas nourri ton animal de compagnie. Que fais-tu ?

6 — Relations interpersonnelles : Ta petite sœur a besoin d'aide pour brosser les poils de votre petit chien. Comment vas-tu l'aider ? Que vas-tu lui dire ?

7 — Connaissance de soi : Peux-tu prendre soin tout(e) seul(e) de ton animal de compagnie ?

8 — Empathie : Tu es avec ton ami, et celui-ci te dit que ses parents prennent soin de leur animal de compagnie, mais que lui seul joue avec lui. À quoi penses-tu ? Que lui dis-tu ?

9 — Gestion des émotions : Que ressens-tu quand tu prends soin de ton animal de compagnie ? Pourquoi ?

10 — Gestion du stress : Tu es en retard pour l'école et tu n'as pas le temps de nourrir ton animal de compagnie. Que fais-tu ?

Jeux de rôles
Je prends soin de mon animal de compagnie

Le processus de jeu doit suivre ces étapes :

1 – Étude de la situation : La scène se déroule dans la maison.

2 – Scénario : L'enfant est dans son jardin avec un ami, et ils jouent avec son petit chien. Bientôt, ils vont sortir pour retrouver leurs copains, mais ils doivent d'abord prendre soin du chien.

3 – Définitions des règles du jeu : Déterminez les rôles : qui joue qui ?

4 – Définitions des rôles : Quels sont les rôles et les tâches des amis ?

5 – Jeux de rôle : Après avoir déterminé les rôles, le jeu commence !

6 – Mise en scène : Basez vos arguments sur les informations que vous connaissez. Établissez une ligne du temps et donnez des instructions claires dans un style calme et positif. Évitez toute intervention lors du jeu.

7 – Évaluation : Enfin, évaluez votre jeu. Qu'est-ce qui s'est bien passé ? Quel a été le résultat ? Qu'auriez-vous pu faire ou dire de plus ?

Je choisis mes vêtements

1 Tous les soirs, avant de dormir, je choisis les vêtements que je vais porter le lendemain à l'école.

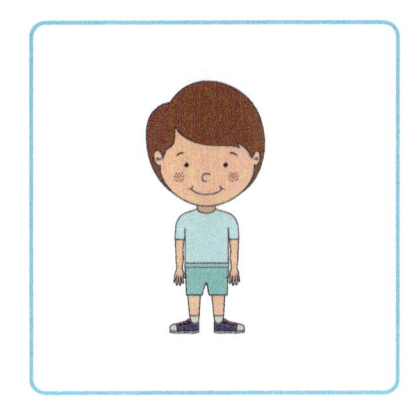

2 J'ouvre ma garde-robe.

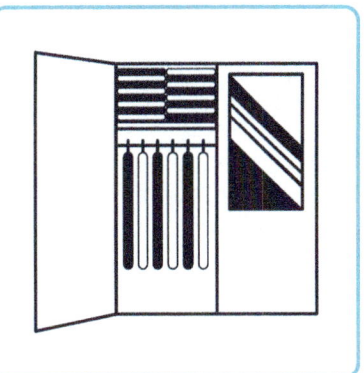

3 Je choisis un pull et un pantalon.

4 Je les prends et je les dépose à côté de mon bureau. Ainsi, le matin, lorsque je me réveille, je sais ce que je vais porter.

Je choisis mes vêtements

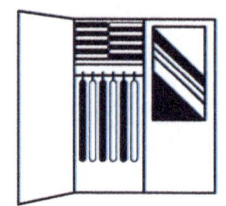

1. Prise de décisions : Comment choisis-tu tes vêtements ?

2. Résolution du problème : Tu as choisi un pull léger pour le lendemain, mais le matin, quand tu te réveilles, il fait froid ! Que fais-tu ?

3. Pensée créative : Quels vêtements choisis-tu d'habitude de porter à l'école, et pourquoi ?

4. Pensée critique : Pourquoi est-ce bien de choisir toi-même tes vêtements ?

5. Communication efficace : Aujourd'hui, tu as un cours de gymnastique à l'école. Quels vêtements as-tu choisi de porter et pourquoi ?

6. Relations interpersonnelles : Aujourd'hui, il pleut, et ta petite sœur a besoin d'aide pour choisir les vêtements qu'elle va porter. Comment vas-tu l'aider ? Que vas-tu lui dire ?

7. Connaissance de soi : Choisis-tu seul(e) tes vêtements ? Quand demandes-tu de l'aide de ta maman ?

8. Empathie : Tu es à l'école, et tu entends un enfant dire à son camarade de classe que ses vêtements sont affreux. Que penses-tu ? Que penses-tu que ressent ton camarade de classe ?

9. Gestion des émotions : Que ressens-tu quand tu choisis tes vêtements tout(e) seul(e) ? Pourquoi ?

10. Gestion du stress : Tu es invité(e) à l'anniversaire de ton ami, mais tu ne sais pas quels vêtements porter. Que fais-tu ?

upbility
Compétences de la vie courante

Jeux de rôles
Je choisis mes vêtements

16

Le processus de jeu doit suivre ces étapes :

1 Étude de la situation : → La scène se déroule dans un magasin de vêtements.

2 Scénario : → L'enfant est dans un magasin de vêtements avec sa maman, et il cherche des vêtements pour la fête de l'école. Dans le magasin se trouvent la vendeuse, l'enfant et sa maman.

3 Définitions des règles du jeu : → Déterminez les rôles : qui joue qui ?

4 Définitions des rôles : → Quels sont les rôles et les tâches de l'enfant, de la maman et de la vendeuse ?

5 Jeux de rôle : → Après avoir déterminé les rôles, le jeu commence !

6 Mise en scène : → Basez vos arguments sur les informations que vous connaissez. Établissez une ligne du temps et donnez des instructions claires dans un style calme et positif. Évitez toute intervention lors du jeu.

7 Évaluation : → Enfin, évaluez votre jeu. Qu'est-ce qui s'est bien passé ? Quel a été le résultat ? Qu'auriez-vous pu faire ou dire de plus ?

J'utilise le téléphone

17

1 Quand je veux appeler quelqu'un au téléphone, je prends le combiné.

2 Je compose le numéro et j'attends.

3 D'habitude, je parle au téléphone avec ma maman ou mon papa.

4 Quand l'appel est terminé, je remets le combiné à sa place.

upbility
Compétences de la vie courante

J'utilise le téléphone

17

1. **Prise de décisions :** Comment utilises-tu le téléphone ?

2. **Résolution du problème :** Tu entends le téléphone sonner mais tu es dans la salle de bain ! Que fais-tu ?

3. **Pensée créative :** Quand le téléphone n'existait pas, comment faisait-on pour communiquer ?

4. **Pensée critique :** Pourquoi utilisons-nous le téléphone ?

5. **Communication efficace :** Tu décroches le téléphone mais tu ne comprends pas qui est au bout du fil. Que fais-tu ?

6. **Relations interpersonnelles :** Ta petite sœur a besoin d'aide pour appeler sa grand-mère. Que fais-tu ? Comment vas-tu l'aider ?

7. **Connaissance de soi :** Est-ce que tu utilises tout(e) seul(e) le téléphone ?

8. **Empathie :** Tu es dans la salle des professeurs, et un enfant essaie de téléphoner à ses parents, mais n'y arrive pas. À quoi penses-tu ? Que vas-tu faire ?

9. **Gestion des émotions :** Que ressens-tu quand tu utilises seul(e) le téléphone ? Pourquoi ?

10. **Gestion du stress :** Au téléphone, un inconnu te pose différentes questions. Que fais-tu ?

© copyright www.upbility.fr

upbility
Compétences de la vie courante

Jeux de rôles
J'utilise le téléphone

17

Le processus de jeu doit suivre ces étapes :

1 Étude de la situation : ▶ La scène se déroule dans la maison.

2 Scénario : ▶ Deux amis discutent au téléphone. Ils ont beaucoup de choses à se dire, parce que l'un d'eux était malade et n'a pas été à l'école pendant une semaine.

3 Définitions des règles du jeu : ▶ Déterminez les rôles : qui joue qui ?

4 Définitions des rôles : ▶ Quels sont les rôles et les tâches de chaque ami ?

5 Jeux de rôle : ▶ Après avoir déterminé les rôles, le jeu commence !

6 Mise en scène : ▶ Basez vos arguments sur les informations que vous connaissez. Établissez une ligne du temps et donnez des instructions claires dans un style calme et positif. Évitez toute intervention lors du jeu.

7 Évaluation : ▶ Enfin, évaluez votre jeu. Qu'est-ce qui s'est bien passé ? Quel a été le résultat ? Qu'auriez-vous pu faire ou dire de plus ?

© copyright www.upbility.fr

upbility
Compétences de la vie courante

Je connais mon prénom et mon nom, mon adresse et mon numéro de téléphone

18

1 Je connais mon prénom et mon nom.

Je m'appelle...

2 Je connais l'adresse de ma maison.

J'habite...

3 Et je connais le téléphone de la maison.

Mon numéro de téléphone est le...

4 Ainsi, si quelque chose se passe, je peux donner ces informations.

Je connais...

© copyright www.upbility.fr

upbility
Compétences de la vie courante

Je connais mon prénom et mon nom, mon adresse et mon numéro de téléphone

18

Je connais...

1 Prise de décisions : Tu ne te rappelles pas de ton numéro de téléphone. Que fais-tu ?

2 Résolution du problème : Tu es à l'école, et ton instituteur te demande de dire ton adresse, mais tu ne t'en rappelles pas. Que fais-tu ?

3 Pensée créative : Pourquoi est-ce bien de connaître son prénom et son nom, son adresse et son numéro de téléphone ?

4 Pensée critique : Pourquoi l'école doit-elle connaître ton numéro de téléphone ?

5 Communication efficace : Tu es dehors, et tu rentres chez toi après l'école, lorsqu'un inconnu te demande où tu habites. Que fais-tu ?

6 Relations interpersonnelles : Ta petite sœur ne connaît pas l'adresse de votre maison. Comment vas-tu l'aider ?

7 Connaissance de soi : Connais-tu ton prénom et ton nom, ton adresse et ton numéro de téléphone ?

8 Empathie : Dans une grande surface, un enfant pleure parce qu'il a perdu sa maman. Le gardien lui demande s'il connaît le numéro de téléphone de sa maman, mais l'enfant ne s'en rappelle pas. Que penses-tu ? Que penses-tu que l'enfant ressent ?

9 Gestion des émotions : Que ressens-tu maintenant que tu connais ton prénom, ton nom, ton adresse et ton numéro de téléphone ?

10 Gestion du stress : Tu ne te rappelles pas de ton adresse et de ton numéro de téléphone, et tu veux les donner à une amie. Que fais-tu ?

© copyright www.upbility.fr

upbility
Compétences de la vie courante

Jeux de rôles
Je connais mon prénom et mon nom, mon adresse et mon numéro de téléphone

18

Le processus de jeu doit suivre ces étapes :

1 Étude de la situation : ▶ La scène se déroule dans la maison.

2 Scénario : ▶ L'enfant revient de l'école avec son papa. Ils sont dans la voiture, et un policier les arrête. Ils posent quelques questions au papa, ensuite, il se tourne vers l'enfant.

3 Définitions des règles du jeu : ▶ Déterminez les rôles : qui joue qui ?

4 Définitions des rôles : ▶ Quels sont les rôles et les tâches du papa, de l'enfant et du policier ?

5 Jeux de rôle : ▶ Après avoir déterminé les rôles, le jeu commence !

6 Mise en scène : ▶ Basez vos arguments sur les informations que vous connaissez. Établissez une ligne du temps et donnez des instructions claires dans un style calme et positif. Évitez toute intervention lors du jeu.

7 Évaluation : ▶ Enfin, évaluez votre jeu. Qu'est-ce qui s'est bien passé ? Quel a été le résultat ? Qu'auriez-vous pu faire ou dire de plus ?

© copyright www.upbility.fr

J'utilise l'ordinateur

1 Je peux me servir de l'ordinateur pour rechercher une information.

2 J'allume l'ordinateur et j'entre, dans la barre de recherche, ce que je cherche.

3 J'utilise correctement la souris.

4 Quand j'ai fini, j'éteins l'ordinateur.

J'utilise l'ordinateur

1. Prise de décisions : Que fais-tu si tu veux chercher des informations sur l'ordinateur ?

2. Résolution du problème : Ton institutrice a donné un devoir où il faut utiliser l'ordinateur, mais tu ne sais pas comment faire. Que fais-tu ?

3. Pensée créative : Quels sont les avantages et les inconvénients d'un ordinateur ?

4. Pensée critique : Pourquoi est-ce bien de savoir utiliser un ordinateur ?

5. Communication efficace : Tu veux que tes parents t'achètent un ordinateur. Comment vas-tu les convaincre ?

6. Relations interpersonnelles : Ta petite sœur a besoin d'aide pour jouer à un jeu sur l'ordinateur de votre papa. Comment vas-tu l'aider ? Quelles instructions vas-tu lui donner ?

7. Connaissance de soi : Peux-tu utiliser un ordinateur ?

8. Empathie : Tu es à l'école, au cours d'informatique, et un camarade de classe dit à l'institutrice qu'il ne connaît rien en informatique car il n'a pas d'ordinateur à la maison. Que penses-tu ? Que penses-tu que ressent ton camarade de classe ?

9. Gestion des émotions : Que ressens-tu quand tu arrives à faire seul(e) ton devoir sur l'ordinateur ? Pourquoi ?

10. Gestion du stress : L'institutrice t'a choisi(e) pour écrire un texte sur l'ordinateur de l'école, mais tu écris très lentement. Que vas-tu faire ?

Jeux de rôles
J'utilise l'ordinateur

19

Le processus de jeu doit suivre ces étapes :

1 Étude de la situation : → La scène se déroule à l'école.

2 Scénario : → L'élève est en classe d'informatique. Son institutrice lui demande de faire un exercice sur l'ordinateur. Mais l'enfant a de nombreuses questions.

3 Définitions des règles du jeu : → Déterminez les rôles : qui joue qui ?

4 Définitions des rôles : → Quels sont les rôles et les tâches de l'enfant et de l'institutrice ?

5 Jeux de rôle : → Après avoir déterminé les rôles, le jeu commence !

6 Mise en scène : → Basez vos arguments sur les informations que vous connaissez. Établissez une ligne du temps et donnez des instructions claires dans un style calme et positif. Évitez toute intervention lors du jeu.

7 Évaluation : → Enfin, évaluez votre jeu. Qu'est-ce qui s'est bien passé ? Quel a été le résultat ? Qu'auriez-vous pu faire ou dire de plus ?

Je range mon armoire

1 Parfois, mon armoire est en désordre.

2 Je peux la ranger tout(e) seul(e).

3 Je plie mes vêtements et je les mets sur les étagères.

4 Je mets les chaussettes et les sous-vêtements dans les tiroirs. Sur les cintres, je mets mon anorak et mes gilets. Ainsi, mon armoire est rangée !

Je range mon armoire

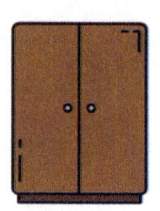

1 — Prise de décisions : Que fais-tu si ton armoire n'est pas rangée ?

2 — Résolution du problème : Tu cherches des vêtements à mettre aujourd'hui, mais tu ne trouves pas car ton armoire est en désordre. Que fais-tu ?

3 — Pensée créative : Comment ranges-tu ton armoire ? Que fais-tu en premier lieu ?

4 — Pensée critique : Pourquoi est-ce bien que ton armoire soit rangée ?

5 — Communication efficace : Ta maman t'a demandé de ranger ton armoire, mais tu te sens fatigué(e). Que vas-tu faire ? Que vas-tu dire à ta maman ?

6 — Relations interpersonnelles : Ta petite sœur a besoin d'aide pour ranger son armoire. Comment vas-tu l'aider ? Quels conseils vas-tu lui donner pour que son armoire reste rangée ?

7 — Connaissance de soi : Peux-tu ranger seul(e) ton armoire ?

8 — Empathie : Tu es dans la chambre d'un ami. Il ouvre son armoire pour prendre quelque chose, et tu vois que ses vêtements sont en boule, et en désordre. Que penses-tu ? Penses-tu qu'il est facile pour ton ami de s'habiller le matin ?

9 — Gestion des émotions : Que ressens-tu quand tu as fini de ranger ton armoire ? Pourquoi ?

10 — Gestion du stress : Tu allais prendre quelque chose dans l'armoire de tes parents, mais au moment où tu l'as ouverte, une étagère s'est cassée et tous les vêtements son tombés par terre. Que fais-tu ?

upbility
Compétences de la vie courante

Jeux de rôles
Je range mon armoire

20

Le processus de jeu doit suivre ces étapes :

1 Étude de la situation : → La scène se déroule dans la chambre.

2 Scénario : → L'enfant a ouvert son armoire pour prendre un pull propre, et il remarque que sa sœur l'a mise sans dessus dessous. Son armoire est complètement en désordre. L'enfant est très fâché.

3 Définitions des règles du jeu : → Déterminez les rôles : qui joue qui ?

4 Définitions des rôles : → Quels sont les rôles et les tâches des enfants ?

5 Jeux de rôle : → Après avoir déterminé les rôles, le jeu commence !

6 Mise en scène : → Basez vos arguments sur les informations que vous connaissez. Établissez une ligne du temps et donnez des instructions claires dans un style calme et positif. Évitez toute intervention lors du jeu.

7 Évaluation : → Enfin, évaluez votre jeu. Qu'est-ce qui s'est bien passé ? Quel a été le résultat ? Qu'auriez-vous pu faire ou dire de plus ?

© copyright www.upbility.fr

Je range ma chambre

1 Je peux ranger ma chambre tout(e) seul(e).

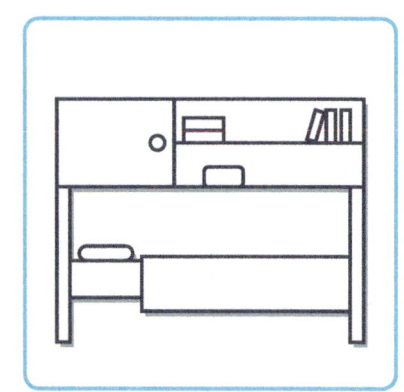

2 Je ramasse d'abord tous les déchets et je les mets à la poubelle.

3 Je vide ensuite mon bureau et je fais mon lit.

4 À la fin, je range les livres dans la bibliothèque. Ainsi, ma chambre est en ordre et toute propre !

upbility
Compétences de la vie courante

Je range ma chambre

21

1	Prise de décisions :	Que fais-tu quand ta chambre est en désordre ?
2	Résolution du problème :	Tu attends la visite d'un ami mais ta chambre est en désordre ! Que fais-tu ?
3	Pensée créative :	Arrives-tu à te reposer et te détendre quand ta chambre est en désordre ?
4	Pensée critique :	Pourquoi est-ce bien de ranger sa chambre ?
5	Communication efficace :	Ta maman t'a demandé de ranger ta chambre. Tu l'as fait, mais peu de temps après, ta chambre est à nouveau en désordre ! Ta maman ne sait donc pas que tu l'avais rangée ! Que vas-tu faire ?
6	Relations interpersonnelles :	Ta petite sœur a besoin d'aide pour ranger sa chambre. Comment vas-tu l'aider ? Quels conseils vas-tu lui donner ?
7	Connaissance de soi :	Peux-tu ranger tout(e) seul(e) ta chambre ? Y a-t-il quelque chose que tu trouves difficile ?
8	Empathie :	Quand ta chambre est en désordre, invites-tu tes amis ? Pourquoi ? Comment te sens-tu ?
9	Gestion des émotions :	Que ressens-tu quand tu ranges seul(e) ta chambre ? Pourquoi ?
10	Gestion du stress :	Tu n'as pas le temps de ranger ta chambre, et dans peu de temps, tes amis vont arriver. Que fais-tu ?

© copyright www.upbility.fr

upbility
Compétences de la vie courante

Jeux de rôles
Je range ma chambre

21

Le processus de jeu doit suivre ces étapes :

1 Étude de la situation : → La scène se déroule dans la chambre.

2 Scénario : → La chambre de l'enfant est en désordre et sa maman lui demande de la ranger.

3 Définitions des règles du jeu : → Déterminez les rôles : qui joue qui ?

4 Définitions des rôles : → Quels sont les rôles et les tâches de l'enfant et de la maman ?

5 Jeux de rôle : → Après avoir déterminé les rôles, le jeu commence !

6 Mise en scène : → Basez vos arguments sur les informations que vous connaissez. Établissez une ligne du temps et donnez des instructions claires dans un style calme et positif. Évitez toute intervention lors du jeu.

7 Évaluation : → Enfin, évaluez votre jeu. Qu'est-ce qui s'est bien passé ? Quel a été le résultat ? Qu'auriez-vous pu faire ou dire de plus ?

upbility
Compétences de la vie courante

Je nettoie la salle de bain après l'avoir utilisée

22

1 Quand j'ai fini ma douche, je rince mon éponge de bain et je la remets à sa place.

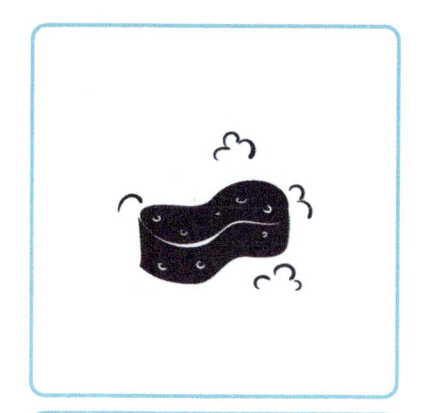

2 Je referme le shampoing et le gel douche, et je les remets à leur place.

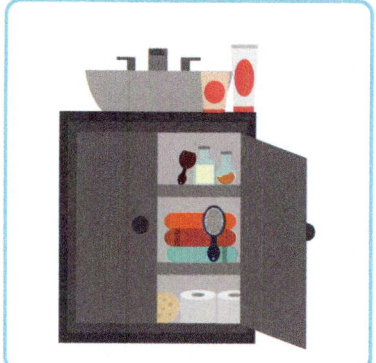

3 J'éponge l'eau du sol.

4 Ainsi, la salle de bain est prête à être utilisée par le suivant !

© copyright www.upbility.fr

upbility
Compétences de la vie courante

Je nettoie la salle de bain après l'avoir utilisée

22

1 Prise de décisions : Que fais-tu quand tu finis ta douche ?

2 Résolution du problème : Tu viens de terminer ta douche, et ton frère attend pour se laver. Mais tu n'as pas nettoyé la salle de bain. Que fais-tu ?

3 Pensée créative : Comment nettoies-tu la salle de bain ? Que fais-tu ?

4 Pensée critique : Pourquoi est-ce bien de nettoyer la salle de bain après l'avoir utilisée ?

5 Communication efficace : Tu te prépares à prendre une douche, mais tu remarques que le précédent n'a pas nettoyé la salle de bain. Que fais-tu ?

6 Relations interpersonnelles : La plupart du temps, après ta douche, tu oublies de nettoyer la salle de bain. Que peux-tu faire pour cela ?

7 Connaissance de soi : Est-ce que d'habitude tu nettoies la salle de bain après l'avoir utilisée ?

8 Empathie : Ta sœur ne nettoie jamais la salle de bain. À quoi penses-tu ? Que vas-tu faire ?

9 Gestion des émotions : Que ressens-tu quand tu nettoies la salle de bain après l'avoir utilisée ? Pourquoi ?

10 Gestion du stress : Tu as pris une douche l'après-midi mais tu as oublié de nettoyer la salle de bain. Que fais-tu ?

upbility
Compétences de la vie courante

Jeux de rôles
Je nettoie la salle de bain après l'avoir utilisée

22

Le processus de jeu doit suivre ces étapes :

1 Étude de la situation : → La scène se déroule dans la salle de bain.

2 Scénario : → L'enfant se prépare à prendre une douche. Mais la salle de bain n'a pas été nettoyée. C'est son frère qui a pris une douche avant lui.

3 Définitions des règles du jeu : → Déterminez les rôles : qui joue qui ?

4 Définitions des rôles : → Quels sont les rôles et les tâches des enfants ?

5 Jeux de rôle : → Après avoir déterminé les rôles, le jeu commence !

6 Mise en scène : → Basez vos arguments sur les informations que vous connaissez. Établissez une ligne du temps et donnez des instructions claires dans un style calme et positif. Évitez toute intervention lors du jeu.

7 Évaluation : → Enfin, évaluez votre jeu. Qu'est-ce qui s'est bien passé ? Quel a été le résultat ? Qu'auriez-vous pu faire ou dire de plus ?

© copyright www.upbility.fr

Je sors les poubelles

1 Je retire le sac poubelle.

2 Je le ferme bien.

3 J'ouvre la porte.

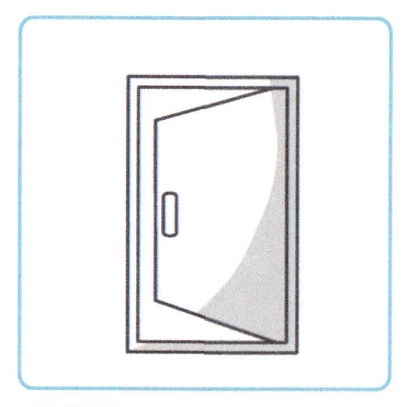

4 Je mets le sac poubelle dans les poubelles municipales.

Je sors les poubelles

23

1	Prise de décisions :	Que fais-tu quand tu remarques que la poubelle est pleine ?
2	Résolution du problème :	Quand tu soulèves le sac poubelle et que tu remarques qu'il est très lourd, que fais-tu ? Que peut-il se passer ?
3	Pensée créative :	Pourquoi y a-t-il des poubelles de différentes couleurs dans la rue ?
4	Pensée critique :	Pourquoi est-ce bien de sortir régulièrement ses poubelles ?
5	Communication efficace :	Tu viens de sortir la poubelle, et tu vois qu'il y a encore des déchets. Que fais-tu ?
6	Relations interpersonnelles :	Tu es en train de sortir la poubelle quand le sac se déchire. Que fais-tu ? À qui demandes-tu de l'aide ?
7	Connaissance de soi :	As-tu déjà sorti les poubelles chez toi ?
8	Empathie :	Tu es dehors, et tu vois quelqu'un jeter ses poubelles dans la rue. À quoi penses-tu ? Que vas-tu faire ?
9	Gestion des émotions :	Que ressens-tu quand ta ville est remplie de poubelles ? Pourquoi ?
10	Gestion du stress :	Tu as jeté par erreur les poubelles « papier » avec les poubelles « plastique ». Que vas-tu faire ?

upbility
Compétences de la vie courante

Jeux de rôles
Je sors les poubelles

23

Le processus de jeu doit suivre ces étapes :

1 Étude de la situation : → La scène se déroule dans la cuisine d'une maison.

2 Scénario : → La maman fait le ménage et demande à l'enfant de sortir les poubelles. Mais le sac poubelle se déchire et les déchets tombent par terre.

3 Définitions des règles du jeu : → Déterminez les rôles : qui joue qui ?

4 Définitions des rôles : → Quels sont les rôles et les tâches de l'enfant et de la maman ?

5 Jeux de rôle : → Après avoir déterminé les rôles, le jeu commence !

6 Mise en scène : → Basez vos arguments sur les informations que vous connaissez. Établissez une ligne du temps et donnez des instructions claires dans un style calme et positif. Évitez toute intervention lors du jeu.

7 Évaluation : → Enfin, évaluez votre jeu. Qu'est-ce qui s'est bien passé ? Quel a été le résultat ? Qu'auriez-vous pu faire ou dire de plus ?

upbility
Compétences de la vie courante

Je range les courses

24

1 Je sors les produits du sac.

2 Je sépare les produits qui vont dans le frigo des autres.

3 Je les mets dans le frigo

4 ou dans l'armoire et je range le sac.

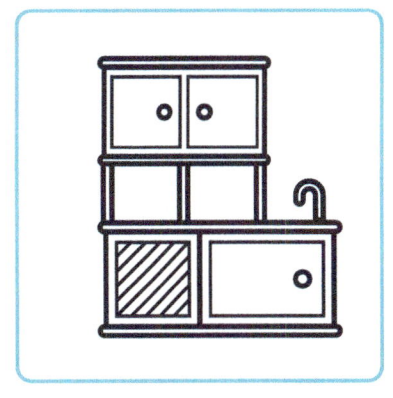

© copyright www.upbility.fr

Je range les courses

1. Prise de décisions : Que fais-tu dès que tu rentres à la maison après avoir été au supermarché ?

2. Résolution du problème : La maman s'est fait mal au pied et ne peut pas ranger les courses. Que fais-tu ?

3. Pensée créative : Qu'y a-t-il dans le frigo de ta maison ?

4. Pensée critique : Pourquoi range-t-on les courses à des endroits déterminés dans la maison ?

5. Communication efficace : Tu veux ranger les courses mais tu ne sais pas où les mettre. Que fais-tu ?

6. Relations interpersonnelles : Ta petite sœur te dérange pendant que tu ranges les courses. Que vas-tu faire ? Que vas-tu lui dire ?

7. Connaissance de soi : Est-ce que tu ranges les courses à la maison ?

8. Empathie : Tu cherches les céréales dans le placard mais tu ne les trouves pas, parce que quelqu'un n'a pas rangé les courses. À quoi penses-tu ? Que ressens-tu ?

9. Gestion des émotions : Que ressens-tu quand les courses sont rangées et que tu peux facilement trouver ce que tu cherches ? Pourquoi ?

10. Gestion du stress : Ta maman t'a demandé de ranger les courses mais tu as oublié de le faire. Que fais-tu ?

upbility
Compétences de la vie courante

Jeux de rôles
Je range les courses

24

Le processus de jeu doit suivre ces étapes :

1 Étude de la situation : → La scène se déroule dans la cuisine d'une maison.

2 Scénario : → Une famille vient de rentrer à la maison après être passée au supermarché. Ils ont beaucoup de courses à ranger, et tout le monde aide.

3 Définitions des règles du jeu : → Déterminez les rôles : qui joue qui ?

4 Définitions des rôles : → Quels sont les rôles et les tâches de la maman, du papa et de l'enfant ?

5 Jeux de rôle : → Après avoir déterminé les rôles, le jeu commence !

6 Mise en scène : → Basez vos arguments sur les informations que vous connaissez. Établissez une ligne du temps et donnez des instructions claires dans un style calme et positif. Évitez toute intervention lors du jeu.

7 Évaluation : → Enfin, évaluez votre jeu. Qu'est-ce qui s'est bien passé ? Quel a été le résultat ? Qu'auriez-vous pu faire ou dire de plus ?

© copyright www.upbility.fr

J'utilise le couteau avec prudence

1 Je prends le couteau.

2 Je le tiens avec prudence.

3 Je coupe ce que je veux couper.

4 Je l'éloigne de moi.

J'utilise le couteau avec prudence

25

1 Prise de décisions : Que fais-tu quand tu veux éplucher une pomme ?

2 Résolution du problème : En voulant couper une tranche de pain, tu t'es coupé le doigt. Que fais-tu ? Comment vas-tu convaincre tes parents que tu peux utiliser le couteau avec prudence ?

3 Pensée créative : Que peux-tu couper avec un couteau ?

4 Pensée critique : Pourquoi faut-il utiliser le couteau avec prudence ?

5 Communication efficace : Comment peux-tu convaincre tes parents que tu peux utiliser un couteau ? Que fais-tu ? Que leur dis-tu ?

6 Relations interpersonnelles : Ta petite sœur a pris le couteau et se prépare à couper le fromage. Elle n'a jamais utilisé le couteau auparavant. Que vas-tu lui dire ? Comment vas-tu l'aider ?

7 Connaissance de soi : Peux-tu te servir d'un couteau ?

8 Empathie : Tu es à ta fête d'anniversaire et tu es sur le point de couper le gâteau avec un couteau. Que penses-tu ? Que ressens-tu quand tu arrives à couper quelque chose avec un couteau ? Pourquoi ?

9 Gestion des émotions : Que ressens-tu quand tu arrives à couper quelque chose avec un couteau ? Pourquoi ?

10 Gestion du stress : Tu es seul(e) à la maison. Tu veux manger une pomme, mais tu ne t'es jamais servi d'un couteau et tu as peur. Que fais-tu ?

upbility
Compétences de la vie courante

Jeux de rôles
J'utilise le couteau avec prudence

25

Le processus de jeu doit suivre ces étapes :

1 Étude de la situation : → La scène se déroule dans la cuisine d'une maison.

2 Scénario : → L'enfant a voulu couper une tranche de pain avec le couteau, mais il n'a pas fait attention et s'est coupé. Il appelle sa maman pour l'aider.

3 Définitions des règles du jeu : → Déterminez les rôles : qui joue qui ?

4 Définitions des rôles : → Quels sont les rôles et les tâches de l'enfant et de la maman ?

5 Jeux de rôle : → Après avoir déterminé les rôles, le jeu commence !

6 Mise en scène : → Basez vos arguments sur les informations que vous connaissez. Établissez une ligne du temps et donnez des instructions claires dans un style calme et positif. Évitez toute intervention lors du jeu.

7 Évaluation : → Enfin, évaluez votre jeu. Qu'est-ce qui s'est bien passé ? Quel a été le résultat ? Qu'auriez-vous pu faire ou dire de plus ?

© copyright www.upbility.fr

Je prépare un sandwich

1 Je mets deux tranches de pain dans l'assiette.

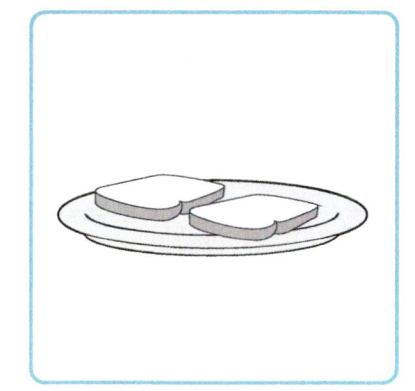

2 Je mets du fromage entre les deux tranches.

3 Je mets également du jambon et des tranches de tomate.

4 Le sandwich est prêt à être mangé !

Je prépare un sandwich

1 — Prise de décisions : À la maison, il n'y a que des ingrédients pour faire un sandwich. Tu es seul(e) à la maison et tu as faim. Que fais-tu ?

2 — Résolution du problème : Tu te prépares un sandwich mais tu remarques ensuite qu'il n'y a pas de fromage. Que fais-tu ?

3 — Pensée créative : Quel est ton en-cas préféré ?

4 — Pensée critique : Pourquoi, quand on veut manger quelque chose rapidement, se prépare-t-on généralement un sandwich ?

5 — Communication efficace : Tu es au supermarché et tu veux acheter de quoi faire un sandwich, mais tu as oublié de quoi tu as besoin. Que fais-tu ?

6 — Relations interpersonnelles : Ta petite sœur a faim mais tes parents ne sont pas encore rentrés à la maison. Que peux-tu faire ? Comment peux-tu l'aider ?

7 — Connaissance de soi : Peux-tu te préparer seul(e) un sandwich ?

8 — Empathie : Tu es à l'école. Un enfant est sur le point de manger son sandwich, mais il tombe par terre. À quoi penses-tu ? Que ressent l'enfant à ton avis ? Que vas-tu faire ?

9 — Gestion des émotions : Que ressens-tu quand tu prépares seul(e) un sandwich ? Pourquoi ?

10 — Gestion du stress : Tu es en retard pour l'école et tu n'as pas le temps de préparer un sandwich. Que fais-tu ?

Jeux de rôles
Je prépare un sandwich

Le processus de jeu doit suivre ces étapes :

1 — Étude de la situation : La scène se déroule dans la cuisine d'une maison.

2 — Scénario : L'enfant prépare un sandwich pour son papa. Il le met sous le grill pour le faire chauffer, mais il l'oublie et le sandwich est brûlé.

3 — Définitions des règles du jeu : Déterminez les rôles : qui joue qui ?

4 — Définitions des rôles : Quels sont les rôles et les tâches de l'enfant et du papa ?

5 — Jeux de rôle : Après avoir déterminé les rôles, le jeu commence !

6 — Mise en scène : Basez vos arguments sur les informations que vous connaissez. Établissez une ligne du temps et donnez des instructions claires dans un style calme et positif. Évitez toute intervention lors du jeu.

7 — Évaluation : Enfin, évaluez votre jeu. Qu'est-ce qui s'est bien passé ? Quel a été le résultat ? Qu'auriez-vous pu faire ou dire de plus ?

Je prépare une salade

1 Je rince les légumes.

2 J'épluche le concombre avec un couteau et je le coupe en fines tranches, que je mets dans le bol.

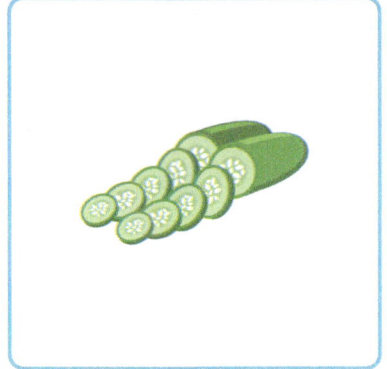

3 Je coupe une tomate.

4 Je mets de l'huile et du sel, et ma salade est prête !

Je prépare une salade

1 — Prise de décisions : Tu veux manger une salade. Que fais-tu ?

2 — Résolution du problème : Tes parents ont des invités et préparent à manger. Mais les heures ont filé, et ils ne sont pas prêts. Quelqu'un doit préparer la salade. Que fais-tu ?

3 — Pensée créative : Quelle est ta salade préférée et pourquoi ?

4 — Pensée critique : Pourquoi faut-il manger beaucoup de salade ?

5 — Communication efficace : Tu es chez le primeur et tu veux acheter des légumes pour la salade que ta maman va préparer, mais tu ne te souviens plus de ce qu'il faut acheter. Que fais-tu ?

6 — Relations interpersonnelles : Ta petite sœur veut manger une salade mais elle ne peut pas la préparer toute seule. Que vas-tu faire ? Comment peux-tu l'aider ?

7 — Connaissance de soi : Peux-tu préparer tout(e) seul(e) une salade ?

8 — Empathie : Tu es à l'école, et tu te prépares à manger quand tu te rends compte que ta maman a oublié de te mettre une salade. Tu ne peux pas manger ton plat sans salade. Que penses-tu ? Que ressens-tu ? Que fais-tu ?

9 — Gestion des émotions : Que ressens-tu quand tu arrives à préparer seul(e) une salade ? Pourquoi ?

10 — Gestion du stress : Tu sais que les fruits et les légumes sont des aliments très sains mais tu ne les aimes pas du tout. À quoi penses-tu ? Que vas-tu faire ?

upbility
Compétences de la vie courante

Jeux de rôles
Je prépare une salade

27

Le processus de jeu doit suivre ces étapes :

1 Étude de la situation : → La scène se déroule dans la cuisine d'une maison.

2 Scénario : → La maman prépare le dîner. L'enfant veut l'aider et lui propose de préparer la salade. Il commence à la préparer mais a besoin d'aide.

3 Définitions des règles du jeu : → Déterminez les rôles : qui joue qui ?

4 Définitions des rôles : → Quels sont les rôles et les tâches de l'enfant et de la maman ?

5 Jeux de rôle : → Après avoir déterminé les rôles, le jeu commence !

6 Mise en scène : → Basez vos arguments sur les informations que vous connaissez. Établissez une ligne du temps et donnez des instructions claires dans un style calme et positif. Évitez toute intervention lors du jeu.

7 Évaluation : → Enfin, évaluez votre jeu. Qu'est-ce qui s'est bien passé ? Quel a été le résultat ? Qu'auriez-vous pu faire ou dire de plus ?

© copyright www.upbility.fr

Je prépare une omelette

1 Je casse les œufs et je les mets dans un bol.

2 Je verse du sel.

3 Je mélange bien et je verse le mélange dans la poêle.

4 J'allume un foyer de la cuisinière et je cuis l'omelette !

Je prépare une omelette

1. Prise de décisions : Le frigo est vide. Il n'y a que trois œufs. Que peux-tu préparer à manger ?

2. Résolution du problème : Tu mélanges les œufs pour faire une omelette et tu te rends compte que tu as versé du sucre au lieu du sel ! Que fais-tu ?

3. Pensée créative : Quels autres ingrédients peux-tu mettre dans une omelette ?

4. Pensée critique : De quelle autre manière peut-on cuisiner les œufs ?

5. Communication efficace : Tu es au restaurant avec tes parents et tu as commandé une omelette, mais elle n'est pas bonne. Que fais-tu ?

6. Relations interpersonnelles : Ta petite sœur veut préparer une omelette, mais elle a besoin de ton aide. Que peux-tu faire ? Comment peux-tu l'aider ?

7. Connaissance de soi : Peux-tu préparer tout(e) seul(e) une omelette ?

8. Empathie : Tu es chez un ami, et sa maman vous a préparé une omelette, mais ton ami n'aime pas ce plat et parle très mal à sa maman. Que penses-tu ? Que ressent sa maman à ton avis ? Que dis-tu à ton ami ?

9. Gestion des émotions : Que ressens-tu quand tu arrives à préparer une omelette seul(e) ? Pourquoi ?

10. Gestion du stress : Ta maman t'a préparé une omelette à emporter à l'école, mais tu as oublié de la mettre dans ton cartable. Que fais-tu ?

upbility
Compétences de la vie courante

Jeux de rôles
Je prépare une omelette

28

Le processus de jeu doit suivre ces étapes :

1 Étude de la situation : → La scène se déroule dans la cuisine d'une maison.

2 Scénario : → Deux frères sont seuls à la maison. Leurs parents sont sortis. Ils décident de préparer une omelette ensemble, mais ils doivent coopérer.

3 Définitions des règles du jeu : → Déterminez les rôles : qui joue qui ?

4 Définitions des rôles : → Quels sont les rôles et les tâches des enfants avant et après la préparation ?

5 Jeux de rôle : → Après avoir déterminé les rôles, le jeu commence !

6 Mise en scène : → Basez vos arguments sur les informations que vous connaissez. Établissez une ligne du temps et donnez des instructions claires dans un style calme et positif. Évitez toute intervention lors du jeu.

7 Évaluation : → Enfin, évaluez votre jeu. Qu'est-ce qui s'est bien passé ? Quel a été le résultat ? Qu'auriez-vous pu faire ou dire de plus ?

© copyright www.upbility.fr

upbility
Compétences de la vie courante

Je coupe mes ongles

29

1 Je prends le coupe-ongles.

2 Je coupe avec prudence les ongles des doigts d'une main.

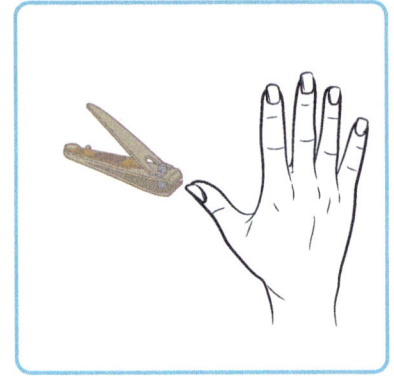

3 Je change de main et je fais la même chose de l'autre côté.

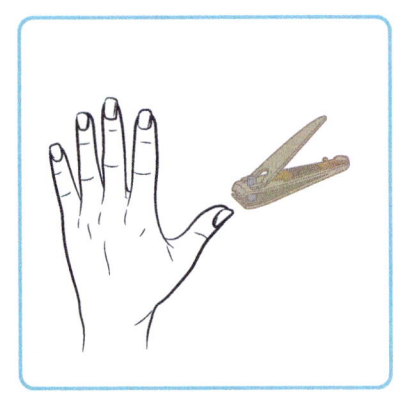

4 Je vérifie que je n'ai oublié aucun doigt, et je range ensuite le coupe-ongles à sa place.

© copyright www.upbility.fr

upbility
Compétences de la vie courante

Je coupe mes ongles

29

1	Prise de décisions :	Que fais-tu quand tu remarques que tes ongles ont poussé ?
2	Résolution du problème :	Tu a joué avec tes amis et tes ongles sont très sales. Que fais-tu ?
3	Pensée créative :	En dehors du fait de soigner tes ongles, de quelle autre façon peux-tu prendre soin de toi ?
4	Pensée critique :	Pourquoi devons-nous couper nos ongles ?
5	Communication efficace :	Tu es dans la salle de bain et tu veux couper tes ongles mais tu ne trouves pas ton coupe-ongles. Que fais-tu ?
6	Relations interpersonnelles :	Ta petite sœur essaie de couper ses ongles mais n'y arrive pas. Que fais-tu ? Comment peux-tu l'aider ?
7	Connaissance de soi :	Peux-tu couper seul(e) tes ongles ?
8	Empathie :	Tu es à l'école et tu vois que les ongles d'un camarade sont très longs et sales. Que penses-tu ?
9	Gestion des émotions :	Que ressens-tu quand tu arrives à t'habiller seul(e) ? Pourquoi ?
10	Gestion du stress :	Tu essaies pendant de longues minutes de couper tes ongles, mais tu n'y arrives pas. Que fais-tu ?

© copyright www.upbility.fr

upbility
Compétences de la vie courante

Jeux de rôles
Je coupe mes ongles

29

Le processus de jeu doit suivre ces étapes :

1 Étude de la situation : → La scène se déroule dans le salon de la maison.

2 Scénario : → Un frère et une sœur sont seuls à la maison. La petite sœur décide de couper seule ses ongles, mais elle se blesse au doigt et il y a du sang. Dès qu'elle voit le sang, elle commence à pleurer. Son frère essaie de l'aider.

3 Définitions des règles du jeu : → Déterminez les rôles : qui joue qui ?

4 Définitions des rôles : → Quels sont les rôles et les tâches des enfants ?

5 Jeux de rôle : → Après avoir déterminé les rôles, le jeu commence !

6 Mise en scène : → Basez vos arguments sur les informations que vous connaissez. Établissez une ligne du temps et donnez des instructions claires dans un style calme et positif. Évitez toute intervention lors du jeu.

7 Évaluation : → Enfin, évaluez votre jeu. Qu'est-ce qui s'est bien passé ? Quel a été le résultat ? Qu'auriez-vous pu faire ou dire de plus ?

© copyright www.upbility.fr

upbility
Compétences de la vie courante

Je fais la vaisselle

30

1 Je dépose les assiettes sales dans l'évier.

2 Je prends l'éponge et le liquide-vaisselle.

3 Je fais de la mousse et je frotte chaque assiette devant et derrière.

4 Je les rince avec de l'eau et je les laisse sécher.

upbility
Compétences de la vie courante

Je fais la vaisselle

30

1 Prise de décisions : Tu viens de terminer de manger, que fais-tu de ton assiette ?

2 Résolution du problème : Tu es devant l'évier, et tu fais la vaisselle. Soudain, une assiette te glisse des mains, tombe par terre et se casse. Que vas-tu faire ?

3 Pensée créative : En dehors de la vaisselle, que pouvons-nous laver d'autre dans l'évier ?

4 Pensée critique : Pourquoi faisons-nous la vaisselle ?

5 Communication efficace : Tu es au restaurant. Quand le garçon de salle te sert, tu remarques que ton verre est sale. Que fais-tu ?

6 Relations interpersonnelles : Ta petite sœur veut faire la vaisselle mais elle a besoin d'aide. Que vas-tu faire ? Que vas-tu lui dire ?

7 Connaissance de soi : Peux-tu faire la vaisselle tout(e) seul(e) ?

8 Empathie : Ton ami te dit que chez lui, seule sa maman fait la vaisselle. Que penses-tu ?

9 Gestion des émotions : Que ressens-tu quand tu fais la vaisselle seul(e) après le repas ? Pourquoi ?

10 Gestion du stress : Tu as terminé ton déjeuner, mais tu as oublié de laver ton assiette. Que fais-tu ?

© copyright www.upbility.fr

upbility

Compétences de la vie courante

Jeux de rôles
Je fais la vaisselle

30

Le processus de jeu doit suivre ces étapes :

1 Étude de la situation : → La scène se déroule dans la cuisine d'une maison.

2 Scénario : → La famille vient de terminer le déjeuner. La maman se prépare à faire la vaisselle, mais elle vient de recevoir un coup de fil urgent du travail, et doit partir immédiatement. Elle demande aux enfant de faire ensemble la vaisselle. Les enfants se disputent pour savoir qui va faire quoi.

3 Définitions des règles du jeu : → Déterminez les rôles : qui joue qui ?

4 Définitions des rôles : → Quels sont les rôles et les tâches de chaque enfant ? Quel est le rôle de la maman ?

5 Jeux de rôle : → Après avoir déterminé les rôles, le jeu commence !

6 Mise en scène : → Basez vos arguments sur les informations que vous connaissez. Établissez une ligne du temps et donnez des instructions claires dans un style calme et positif. Évitez toute intervention lors du jeu.

7 Évaluation : → Enfin, évaluez votre jeu. Qu'est-ce qui s'est bien passé ? Quel a été le résultat ? Qu'auriez-vous pu faire ou dire de plus ?

© copyright www.upbility.fr

J'achète à manger à la cantine

1 Je prends de l'argent de mon sac.

2 J'attends dans la queue.

3 Quand mon tour arrive, je dis ce que je veux acheter et je demande combien ça coûte.

4 Je paie et j'attends que l'on me rende le reste.

J'achète à manger à la cantine

31

1 – Prise de décisions : Tu es à l'école et tu veux acheter un sandwich. Que fais-tu ?

2 – Résolution du problème : Ton tour arrive et tu te rends compte que tu as oublié de prendre de l'argent. Que fais-tu ?

3 – Pensée créative : S'il n'y avait pas de cantine à l'école, que se passerait-il ?

4 – Pensée critique : Pourquoi y a-t-il une cantine à l'école ?

5 – Communication efficace : Tu es à la cantine et tu veux acheter un sandwich. L'employé te demande 1,20 euros mais tu n'as qu'un euro sur toi. Que fais-tu ?

6 – Relations interpersonnelles : Ta petite sœur te demande de l'aider à acheter quelque chose à manger à la cantine. Que vas-tu faire ? Que vas-tu lui dire ?

7 – Connaissance de soi : Peux-tu acheter quelque chose tout(e) seul(e) à la cantine ?

8 – Empathie : Tu es à la cantine de l'école et tu vois un grand pousser l'enfant devant lui et le dépasser dans la queue. À quoi penses-tu ? Que ressent l'enfant qui a été poussé, à ton avis ?

9 – Gestion des émotions : Que ressens-tu quand tu achètes quelque chose seul(e) à la cantine ? Pourquoi ?

10 – Gestion du stress : Il y a beaucoup de monde à la cantine, et dans quelques instants, la cloche va sonner et tu crains de ne pas avoir le temps d'acheter quelque chose à manger. Que fais-tu ?

upbility
Compétences de la vie courante

Jeux de rôles
J'achète à manger à la cantine

31

Le processus de jeu doit suivre ces étapes :

1 Étude de la situation : → La scène se déroule dans la cantine de l'école.

2 Scénario : → Un enfant se rend à la cantine pour acheter quelque chose à manger. Il y a beaucoup de monde, et il attend son tour. Un camarade arrive après lui et se place devant lui dans la queue.

3 Définitions des règles du jeu : → Déterminez les rôles : qui joue qui ?

4 Définitions des rôles : → Quels sont les rôles et les tâches des enfants qui attendent dans la queue ? Quel est le rôle du monsieur qui travaille à la cantine ?

5 Jeux de rôle : → Après avoir déterminé les rôles, le jeu commence !

6 Mise en scène : → Basez vos arguments sur les informations que vous connaissez. Établissez une ligne du temps et donnez des instructions claires dans un style calme et positif. Évitez toute intervention lors du jeu.

7 Évaluation : → Enfin, évaluez votre jeu. Qu'est-ce qui s'est bien passé ? Quel a été le résultat ? Qu'auriez-vous pu faire ou dire de plus ?

upbility
Compétences de la vie courante

J'effectue un travail de couture simple (je couds un bouton)

32

1 Je prends du fil et une aiguille.

2 Je fais passer le fil dans l'aiguille.

3 Je place le bouton à l'endroit où je veux le coudre.

4 Je fais passer l'aiguille plusieurs fois dans les petits trous du bouton. Quand le bouton est stable et ne bouge plus, je fais un noeud et je coupe le fil.

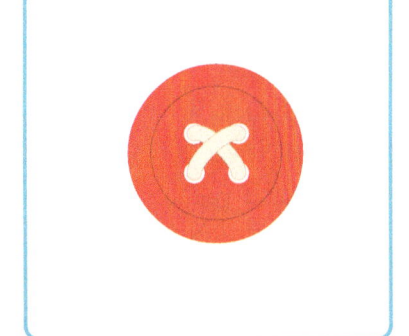

upbility
Compétences de la vie courante

J'effectue un travail de couture simple (je couds un bouton)

32

---

1 Prise de décisions : Si un bouton de ton pull tombe, que peux-tu faire ?

2 Résolution du problème : Tu es en voyage scolaire et un bouton de ton gilet préféré se découd. Dans la chambre de l'hôtel, il existe une petite boîte avec du matériel de couture. Que fais-tu ?

3 Pensée créative : Que peux-tu coudre d'autre qu'un bouton ?

4 Pensée critique : Pourquoi est-ce bien de savoir faire de la couture ?

5 Communication efficace : Tu es dans un magasin de vêtements, et tu remarques qu'il manque un bouton sur le vêtement que tu veux essayer. Que fais-tu ?

6 Relations interpersonnelles : Ta petite sœur veut coudre un bouton sur sa robe mais elle ne sait pas comment faire. C'est dangereux pour elle d'utiliser une aiguille. Que vas-tu faire ? Que vas-tu lui dire ?

7 Connaissance de soi : Peux-tu coudre seul(e) un bouton ?

8 Empathie : Tu es à l'école et tu vois un enfant avec des vêtements déchirés. Que penses-tu ? Que ressent cet enfant, à ton avis ?

9 Gestion des émotions : Que ressens-tu quand tu arrives à coudre seul(e) un bouton ? Pourquoi ?

10 Gestion du stress : Tu es en retard pour l'école, tu mets un pull et tu remarques qu'il est troué. Que fais-tu ?

© copyright www.upbility.fr

upbility
Compétences de la vie courante

Jeux de rôles
J'effectue un travail de couture simple (je couds un bouton)

32

Le processus de jeu doit suivre ces étapes :

1 Étude de la situation : ▶ La scène se déroule dans la maison de la grand-mère.

2 Scénario : ▶ Un enfant passe le week-end chez sa grand-mère. Celle-ci veut coudre un bouton, mais elle ne voit pas bien et demande de l'aide à l'enfant. L'enfant n'a jamais fait de la couture.

3 Définitions des règles du jeu : ▶ Déterminez les rôles : qui joue qui ?

4 Définitions des rôles : ▶ Quels sont les rôles et les tâches de l'enfant et de la grand-mère ?

5 Jeux de rôle : ▶ Après avoir déterminé les rôles, le jeu commence !

6 Mise en scène : ▶ Basez vos arguments sur les informations que vous connaissez. Établissez une ligne du temps et donnez des instructions claires dans un style calme et positif. Évitez toute intervention lors du jeu.

7 Évaluation : ▶ Enfin, évaluez votre jeu. Qu'est-ce qui s'est bien passé ? Quel a été le résultat ? Qu'auriez-vous pu faire ou dire de plus ?

upbility
Compétences de la vie courante

Je commande à manger au restaurant

33

1. Je regarde le menu pour choisir un plat.

2. Quand le serveur arrive, je lui dis quel plat je veux commander.

3. J'attends que mon plat soit préparé.

4. Quand il est prêt, le serveur me l'apporte.

Je commande à manger au restaurant

33

Upbility – Compétences de la vie courante

#	Compétence	Question
1	**Prise de décisions :**	Tu vas au restaurant avec tes parents. Que fais-tu ?
2	**Résolution du problème :**	Après l'école, tu vas dans une cafétéria avec tes amis. Tu commandes une glace à la fraise, mais le serveur t'apporte une glace au chocolat. Que fais-tu ?
3	**Pensée créative :**	Que peux-tu commander dans un restaurant ?
4	**Pensée critique :**	Pourquoi allons-nous au restaurant ?
5	**Communication efficace :**	Tu es au restaurant avec tes parents et tu as faim, mais ton plat tarde à être servi. Que fais-tu ?
6	**Relations interpersonnelles :**	Tu vas avec ta petite sœur à la cafétéria du quartier. Comment vas-tu l'aider à commander ce qu'elle veut ?
7	**Connaissance de soi :**	Peux-tu commander seul(e) ce que tu veux dans un restaurant ?
8	**Empathie :**	Tu es au restaurant avec tes parents, et à la table d'à côté, un enfant fait beaucoup de bruit. Que penses-tu ?
9	**Gestion des émotions :**	Que ressens-tu quand tu commandes seul(e) au restaurant ? Pourquoi ?
10	**Gestion du stress :**	Tu es au restaurant et tu n'as pas encore décidé ce que tu veux manger, mais le serveur est déjà là pour prendre la commande. Que fais-tu ?

Jeux de rôles

Je commande à manger au restaurant

Le processus de jeu doit suivre ces étapes :

1. Étude de la situation : La scène se déroule au restaurant.

2. Scénario : Au restaurant, il y a des clients, un cuisinier et des serveurs. Le client a commandé son plat, mais le serveur tarde à le lui apporter. Le client n'est pas content.

3. Définitions des règles du jeu : Déterminez les rôles : qui joue qui ?

4. Définitions des rôles : Quels sont les rôles et les tâches de l'enfant, du serveur et du cuisinier ?

5. Jeux de rôle : Après avoir déterminé les rôles, le jeu commence !

6. Mise en scène : Basez vos arguments sur les informations que vous connaissez. Établissez une ligne du temps et donnez des instructions claires dans un style calme et positif. Évitez toute intervention lors du jeu.

7. Évaluation : Enfin, évaluez votre jeu. Qu'est-ce qui s'est bien passé ? Quel a été le résultat ? Qu'auriez-vous pu faire ou dire de plus ?

J'utilise le réveil

1 Avant de dormir, je mets le réveil à l'heure à laquelle je veux me réveiller.

2 Je laisse le réveil sur la table de chevet.

3 Le matin, dès qu'il sonne, je t'éteins.

4 Je me lève et je commence à me préparer.

upbility
Compétences de la vie courante

J'utilise le réveil

34

1 Prise de décisions : Le matin, tu dois te réveiller tôt. Que fais-tu ?

2 Résolution du problème : Le matin, ton réveil n'a pas sonné et tu t'es levé(e) avec une demi-heure de retard. Que fais-tu ?

3 Pensée créative : Comment te réveilles-tu le matin ?

4 Pensée critique : Pourquoi utilisons-nous un réveil ?

5 Communication efficace : Ton réveil ne fonctionne plus et tu dois te lever tôt. Que fais-tu ?

6 Relations interpersonnelles : Tu as fait sonner ton réveil à minuit par erreur. Tes parents se sont réveillés en sursaut. Que vas-tu leur dire ?

7 Connaissance de soi : Est-ce que tu sais utiliser ton réveil ?

8 Empathie : Il y a à l'école un enfant qui arrive toujours en retard. À quoi penses-tu ?

9 Gestion des émotions : Que ressens-tu quand tu utilises seul(e) ton réveil ? Pourquoi ?

10 Gestion du stress : Tu as mis ton réveil le soir avant de dormir, mais il n'a pas sonné le matin. Que fais-tu ?

© copyright www.upbility.fr

Jeux de rôles
J'utilise le réveil

34

Le processus de jeu doit suivre ces étapes :

1 Étude de la situation : → La scène se déroule dans la maison.

2 Scénario : → L'homme doit partir en voyage d'affaires. Il doit se lever tôt. Pendant qu'il se prépare, il demande à son épouse de lui rappeler de mettre son réveil.

3 Définitions des règles du jeu : → Déterminez les rôles : qui joue qui ?

4 Définitions des rôles : → Quels sont les rôles et les tâches au sien du couple ?

5 Jeux de rôle : → Après avoir déterminé les rôles, le jeu commence !

6 Mise en scène : → Basez vos arguments sur les informations que vous connaissez. Établissez une ligne du temps et donnez des instructions claires dans un style calme et positif. Évitez toute intervention lors du jeu.

7 Évaluation : → Enfin, évaluez votre jeu. Qu'est-ce qui s'est bien passé ? Quel a été le résultat ? Qu'auriez-vous pu faire ou dire de plus ?

upbility
Compétences de la vie courante

Je gère mon argent

35

1. Je sais gérer mon argent parce que :

2. je reconnais les pièces et les billets.

3. Je peux comprendre les prix des produits.

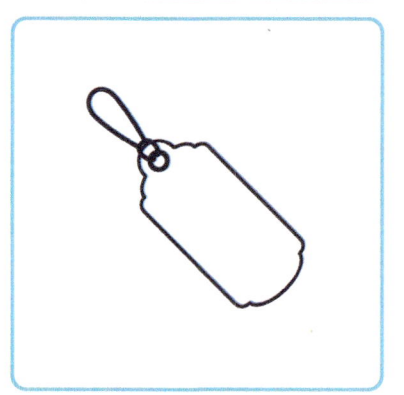

4. Je peux estimer le prix d'un produit et la monnaie que je dois recevoir en retour.

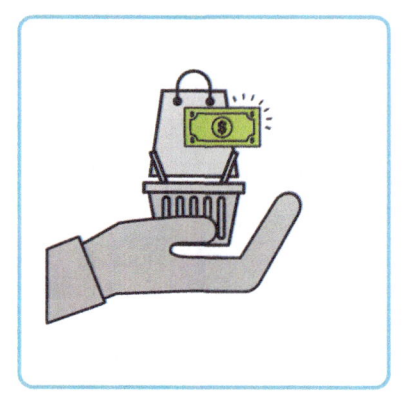

© copyright www.upbility.fr

Je gère mon argent

1. Prise de décisions : Tu vas acheter seul(e) un pull. Que fais-tu ?

2. Résolution du problème : Tu as 3 euros dans ton portefeuille et tu veux acheter un sandwich et de l'eau. Que fais-tu ?

3. Pensée créative : Aimes-tu avoir de l'argent ou préfères-tu que les autres le gèrent pour toi ?

4. Pensée critique : Pourquoi est-ce bien de gérer son argent ?

5. Communication efficace : Tu es dans un magasin de vêtements pour acheter une paire de chaussures. Tu as 30 euros dans ton portefeuille. Tu hésites entre deux paires. L'une coûte 29 euros, et l'autre 35. La vendeuse essaie de te convaincre d'acheter la plus chère. Que fais-tu ?

6. Relations interpersonnelles : Tu as 10 euros dans ton portefeuille, et ta sœur te demande de lui prêter 5 euros. Peux-tu le faire ? Combien d'argent va-t-il te rester ?

7. Connaissance de soi : Peux-tu gérer seul(e) ton argent ?

8. Empathie : Ton ami n'a pas argent sur lui, il ne peut donc rien acheter. Que penses-tu ?

9. Gestion des émotions : Que ressens-tu quand tu gères seul(e) ton argent ? Pourquoi ?

10. Gestion du stress : Tu achètes quelque chose et la vendeuse a fait un erreur en te rendant la monnaie. Que fais-tu ?

Jeux de rôles
Je gère mon argent

Le processus de jeu doit suivre ces étapes :

1 Étude de la situation : → La scène se déroule dehors.

2 Scénario : → L'enfant est en excursion avec son école. Ses parents lui ont donné de l'argent pour acheter ce dont il a besoin. L'enfant a 20 euros dans son portefeuille. Il veut acheter à manger, monter dans les auto-tamponneuses avec ses copains et acheter un souvenir.

3 Définitions des règles du jeu : → Déterminez les rôles : qui joue qui ?

4 Définitions des rôles : → Quels sont les rôles et les tâches de l'enfant et des employés qui entrent en contact avec lui ?

5 Jeux de rôle : → Après avoir déterminé les rôles, le jeu commence !

6 Mise en scène : → Basez vos arguments sur les informations que vous connaissez. Établissez une ligne du temps et donnez des instructions claires dans un style calme et positif. Évitez toute intervention lors du jeu.

7 Évaluation : → Enfin, évaluez votre jeu. Qu'est-ce qui s'est bien passé ? Quel a été le résultat ? Qu'auriez-vous pu faire ou dire de plus ?

J'utilise la machine à laver

1 Je prends les vêtements sales du panier.

2 Je les trie selon les couleurs (blanc d'un côté, couleurs de l'autre).

3 Je choisis ceux que je veux laver et je les mets dans la machine à laver.

4 Je mets le produit de lessive dans la machine, je choisis le programme de lavage, et j'appuie sur le bouton « marche ».

J'utilise la machine à laver

1 Prise de décisions : Tous tes vêtements son sales. Que fais-tu ?

2 Résolution du problème : À la fête de l'école, demain, tu dois porter ta chemise blanche, mais elle est sale. Que fais-tu ?

3 Pensée créative : La machine à laver est un appareil électro-ménager. Quels autres appareils électro-ménagers connais-tu ?

4 Pensée critique : Pourquoi doit-on savoir utiliser la machine à laver ?

5 Communication efficace : Tu es dans un magasin de vêtements et la vendeuse essaie de te convaincre d'acheter un vêtement qui ne peut pas aller dans la machine à laver, car il risque de s'abîmer. Que fais-tu ?

6 Relations interpersonnelles : Ta petite sœur a besoin d'aide pour utiliser la machine à laver. Que fais-tu ? Quelles instructions lui donnes-tu ?

7 Connaissance de soi : Peux-tu mettre seul(e) une machine à laver ? Sais-tu trier les vêtements ?

8 Empathie : La maman a sorti le linge de la machine à laver, mais tous les vêtements blancs sont devenus roses. Que penses-tu ? Que ressent ta maman, à ton avis ?

9 Gestion des émotions : Que ressens-tu quand tu utilises seul(e) la machine à laver ? Pourquoi ?

10 Gestion du stress : Tu as mis les vêtements à laver dans la machine, mais tu as oublié d'étendre le linge. Les vêtements sont restés dans la machine à laver pendant deux jours. Que vas-tu faire ?

Jeux de rôles
J'utilise la machine à laver

36

Le processus de jeu doit suivre ces étapes :

1 Étude de la situation : → La scène se déroule dans la maison.

2 Scénario : → Marc est étudiant et vit pour la première fois loin de ses parents. Il n'a rien à se mettre parce que tous ses vêtements sont sales. Il décide d'utiliser la machine à laver et demande de l'aide à sa voisine.

3 Définitions des règles du jeu : → Déterminez les rôles : qui joue qui ?

4 Définitions des rôles : → Quels sont les rôles et les tâches de Marc et de sa voisine ?

5 Jeux de rôle : → Après avoir déterminé les rôles, le jeu commence !

6 Mise en scène : → Basez vos arguments sur les informations que vous connaissez. Établissez une ligne du temps et donnez des instructions claires dans un style calme et positif. Évitez toute intervention lors du jeu.

7 Évaluation : → Enfin, évaluez votre jeu. Qu'est-ce qui s'est bien passé ? Quel a été le résultat ? Qu'auriez-vous pu faire ou dire de plus ?

J'utilise le lave-vaisselle

1 Je mets les assiettes sales dans le lave-vaisselle.

2 Je mets le liquide de nettoyage dans le lave-vaisselle.

3 Je ferme la porte.

4 J'appuie sur le bouton « marche ».

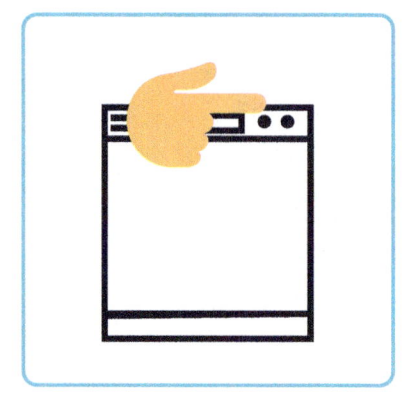

upbility
Compétences de la vie courante

J'utilise le lave-vaisselle

37

1 Prise de décisions : L'évier est rempli d'assiettes sales. Que fais-tu ?

2 Résolution du problème : Tu as mis les assiettes dans le lave-vaisselle, mais tu as oublié le liquide de nettoyage. Que fais-tu ?

3 Pensée créative : En dehors des assiettes, que peut-on mettre dans un lave-vaisselle ?

4 Pensée critique : Pourquoi lave-t-on les vêtements ?

5 Communication efficace : Tu te prépares à mettre les assiettes dans le lave-vaisselle mais tu ne trouves pas le liquide de nettoyage. Que fais-tu ?

6 Relations interpersonnelles : Ta petite sœur veut t'aider avec la vaisselle. Que lui dis-tu ?

7 Connaissance de soi : Peux-tu utiliser la lave-vaisselle ?

8 Empathie : Alors qu'elle t'aidait, ta sœur a cassé une assiette. Que penses-tu ? Que ressent-elle, à ton avis ? Que lui dis-tu ?

9 Gestion des émotions : Que ressens-tu quand tu te sers du lave-vaisselle ? Pourquoi ?

10 Gestion du stress : Le programme du lave-vaisselle vient de finir, tu ouvres l'appareil et tu constates que la vaisselle n'a pas été bien lavée. Que fais-tu ?

upbility
Compétences de la vie courante

Jeux de rôles
J'utilise le lave-vaisselle

37

Le processus de jeu doit suivre ces étapes :

1 Étude de la situation : ▶ La scène se déroule dans la maison.

2 Scénario : ▶ La famille vient de finir le dîner. La maman se prépare à mettre les assiettes dans le lave-vaisselle pour les laver. Les enfants l'aident.

3 Définitions des règles du jeu : ▶ Déterminez les rôles : qui joue qui ?

4 Définitions des rôles : ▶ Quels sont les devoirs et les tâches des enfants et de la maman ?

5 Jeux de rôle : ▶ Après avoir déterminé les rôles, le jeu commence !

6 Mise en scène : ▶ Basez vos arguments sur les informations que vous connaissez. Établissez une ligne du temps et donnez des instructions claires dans un style calme et positif. Évitez toute intervention lors du jeu.

7 Évaluation : ▶ Enfin, évaluez votre jeu. Qu'est-ce qui s'est bien passé ? Quel a été le résultat ? Qu'auriez-vous pu faire ou dire de plus ?

© copyright www.upbility.fr

Je repasse des vêtements

1 Je branche le fer à repasser et j'attends qu'il chauffe.

2 Sur la planche à repasser, je dépose le vêtement que je veux repasser.

3 Je dépose doucement le fer à repasser sur le tissu, et je le repasse avec des mouvements vers l'avant et vers l'arrière.

4 Quand j'ai fini, je plie le vêtement et je retire le fer à repasser de la prise.

Je repasse des vêtements

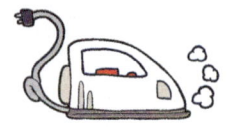

1. Prise de décisions : Que fais-tu quand tes vêtements sont froissés ?

2. Résolution du problème : Tu veux porter ton t-shirt préféré mais il est froissé. Que fais-tu ?

3. Pensée créative : Pourquoi le fer à repasser est-il dangereux ?

4. Pensée critique : Pourquoi repasse-t-on les vêtements ?

5. Communication efficace : Maman repasse depuis de nombreuses heures, elle est fatiguée. Que fais-tu ? Comment peux-tu l'aider ?

6. Relations interpersonnelles : Ta petite sœur a besoin d'aide pour repasser sa robe. Comment vas-tu l'aider ? Quelles instructions vas-tu lui donner ?

7. Connaissance de soi : Peux-tu repasser seul(e) tes vêtements ?

8. Empathie : Tu es à l'école, et tu vois un enfant avec des vêtements froissés. À quoi penses-tu ?

9. Gestion des émotions : Que ressens-tu quand tu arrives à repasser seul(e) tes vêtements ? Pourquoi ?

10. Gestion du stress : Tu es à l'école, et le pull que tu veux porter est froissé. Que fais-tu ?

upbility
Compétences de la vie courante

Jeux de rôles
Je repasse des vêtements

38

Le processus de jeu doit suivre ces étapes :

1 Étude de la situation : ▶ La scène se déroule dans la maison de grand-mère.

2 Scénario : ▶ L'enfant est chez sa grand-mère pour l'aider dans les tâches ménagères, car elle vient de sortir de l'hôpital et a besoin d'aide. L'enfant se prépare à repasser quelques vêtements.

3 Définitions des règles du jeu : ▶ Déterminez les rôles : qui joue qui ?

4 Définitions des rôles : ▶ Quels sont les devoirs et les tâches de l'enfant et de la grand-mère ?

5 Jeux de rôle : ▶ Après avoir déterminé les rôles, le jeu commence !

6 Mise en scène : ▶ Basez vos arguments sur les informations que vous connaissez. Établissez une ligne du temps et donnez des instructions claires dans un style calme et positif. Évitez toute intervention lors du jeu.

7 Évaluation : ▶ Enfin, évaluez votre jeu. Qu'est-ce qui s'est bien passé ? Quel a été le résultat ? Qu'auriez-vous pu faire ou dire de plus ?

© copyright www.upbility.fr

Je prépare un plat

1. Je cherche la recette du plat que je veux préparer.

2. Je prends tous les ingrédients et je les dépose sur la table.

3. Je suis la recette et je prépare le plat.

4. J'attends ensuite qu'il refroidisse pour le servir.

upbility
Compétences de la vie courante

Je prépare un plat

39

1	Prise de décisions :	Que fais-tu quand tu prépares un plat ?
2	Résolution du problème :	Tu as invité des amis à dîner mais tu as oublié de faire les courses. Que fais-tu ?
3	Pensée créative :	Comment interprètes-tu la phrase : « Cuisiner, c'est créer » ?
4	Pensée critique :	Pourquoi devons-nous être concentrés quand nous préparons un plat ?
5	Communication efficace :	Tu es dans la cuisine et tu prépares le repas. Le téléphone sonne : c'est un ami qui veut discuter de quelque chose avec toi. Que fais-tu ?
6	Relations interpersonnelles :	Ta petite sœur a besoin d'aide pour préparer un repas-surprise pour vos parents. Que fais-tu ? Comment peux-tu l'aider ?
7	Connaissance de soi :	Peux-tu préparer seul(e) un repas ?
8	Empathie :	La maman a préparé un repas mais l'a laissé dans le four, et le plat est brûlé ! Que penses-tu ? Que ressent ta maman, à ton avis ?
9	Gestion des émotions :	Que ressens-tu quand tu prépares un repas pour des personnes que tu aimes ? Pourquoi ?
10	Gestion du stress :	Tu as tous les ingrédients pour un délicieux repas, mais tu n'as pas le temps de le préparer parce que tu dois partir au travail. Que fais-tu ?

© copyright www.upbility.fr

upbility
Compétences de la vie courante

Jeux de rôles
Je prépare un plat

39

Le processus de jeu doit suivre ces étapes :

1 Étude de la situation : → La scène se déroule dans la maison.

2 Scénario : → C'est le jour d'anniversaire de mariage des parents et les enfants veulent leur faire une surprise et préparer le repas.

3 Définitions des règles du jeu : → Déterminez les rôles : qui joue qui ?

4 Définitions des rôles : → Quels sont les devoirs et les tâches des enfants ?

5 Jeux de rôle : → Après avoir déterminé les rôles, le jeu commence !

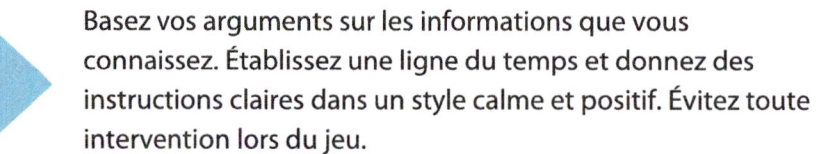

6 Mise en scène : → Basez vos arguments sur les informations que vous connaissez. Établissez une ligne du temps et donnez des instructions claires dans un style calme et positif. Évitez toute intervention lors du jeu.

7 Évaluation : → Enfin, évaluez votre jeu. Qu'est-ce qui s'est bien passé ? Quel a été le résultat ? Qu'auriez-vous pu faire ou dire de plus ?

© copyright www.upbility.fr

J'utilise des outils (tournevis, marteau, etc.)

40

1. Prise de décisions : Que fais-tu quand tu remarques qu'une vis de ton vélo commence à se déserrer ?

2. Résolution du problème : Tu dois faire un bricolage pour l'école et tu as besoin des outils de ton papa. Que fais-tu ?

3. Pensée créative : De quels outils sais-tu te servir ?

4. Pensée critique : Pourquoi avons-nous besoin d'outils ?

5. Communication efficace : Tu as utilisé les outils de ton papa mais tu as oublié de les remettre à leur place et ton papa est fâché. Que fais-tu ?

6. Relations interpersonnelles : Ta petite sœur a besoin de ton aide pour utiliser le marteau. Que fais-tu ? Que lui dis-tu ?

7. Connaissance de soi : Est-ce que tu sais te servir d'un marteau et d'un tournevis ?

8. Empathie : Le papa de ton ami est charpentier et est à l'hôpital car il s'est blessé en utilisant un outil. Que penses-tu ? Que ressent ton ami, à ton avis ? Que vas-tu lui dire ?

9. Gestion des émotions : Que ressens-tu quand tu se sers seul(e) d'un outil ? Pourquoi ?

10. Gestion du stress : Tu as emprunté les outils de ton papa et tu dois les lui rendre, mais tu ne les trouves plus. Que fais-tu ?

J'utilise des outils (tournevis, marteau, etc.)

1 Je sais utiliser les outils de mon papa.

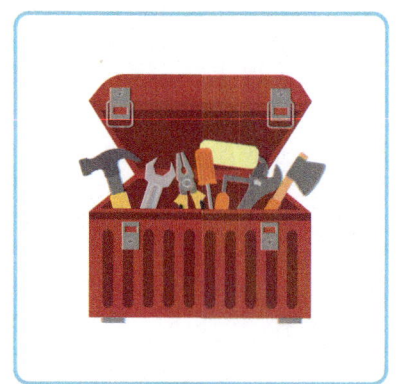

2 Je tiens prudemment le tournevis pour visser la vis en tournant l'outil.

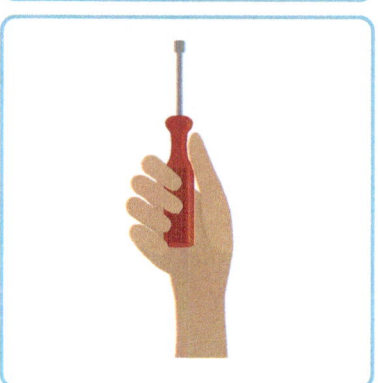

3 Je tiens prudemment le clou pour l'enfoncer dans le mur avec le marteau.

4 Quand j'ai terminé, je remets les outils à leur place.

upbility
Compétences de la vie courante

Jeux de rôles
J'utilise des outils (tournevis, marteau, etc.)

40

Le processus de jeu doit suivre ces étapes :

1. **Étude de la situation :** La scène se déroule dans le salon de la maison.

2. **Scénario :** L'enfant veut réparer son vélo. Il a besoin d'un tournevis et d'un marteau. Il veut les emprunter à son papa.

3. **Définitions des règles du jeu :** Déterminez les rôles : qui joue qui ?

4. **Définitions des rôles :** Quels sont les rôles et les tâches de l'enfant et du papa ?

5. **Jeux de rôle :** Après avoir déterminé les rôles, le jeu commence !

6. **Mise en scène :** Basez vos arguments sur les informations que vous connaissez. Établissez une ligne du temps et donnez des instructions claires dans un style calme et positif. Évitez toute intervention lors du jeu.

7. **Évaluation :** Enfin, évaluez votre jeu. Qu'est-ce qui s'est bien passé ? Quel a été le résultat ? Qu'auriez-vous pu faire ou dire de plus ?

© copyright www.upbility.fr

Je reste seul(e) à la maison

1 Parfois, je reste seul(e) à la maison.

2 Je ferme toujours les fenêtres et les portes.

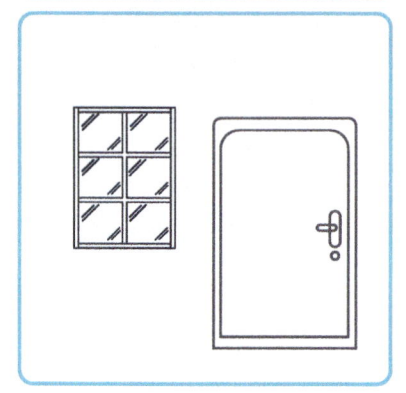

3 Quand on sonne, je n'ouvre pas avant d'avoir demandé qui est là. Si c'est un inconnu, je n'ouvre pas.

4 Je connais le numéro du portable de mes parents, et si j'ai besoin de quelque chose, je les appelle immédiatement.

Je reste seul(e) à la maison

41

upbility — Compétences de la vie courante

#	Compétence	Question
1	Prise de décisions :	Les parents sont absents toute l'après-midi. Que fais-tu ?
2	Résolution du problème :	Tu es seul(e) à la maison et quelqu'un sonne à la porte. Que fais-tu ?
3	Pensée créative :	Que fais-tu quand tu es seul(e) à la maison ?
4	Pensée critique :	Pourquoi parfois reste-t-on seul à la maison ?
5	Communication efficace :	Tu es à la maison, et ta maman te téléphone pour te dire qu'elle va rentrer plus tard de son travail. Tu es seul(e). Que fais-tu ?
6	Relations interpersonnelles :	Quand vous êtes seuls à la maison, ta petite sœur a très peur. Que fais-tu pour l'apaiser ?
7	Connaissance de soi :	Peux-tu rester seul(e) à la maison ?
8	Empathie :	Ton ami reste souvent seul chez lui pendant de nombreuses heures. À quoi penses-tu ? Que ressent ton ami, à ton avis ?
9	Gestion des émotions :	Que ressens-tu quand tu restes seul(e) à la maison ? Pourquoi ?
10	Gestion du stress :	Tu es seul(e) à la maison et tu entends divers bruits qui te font peur. Que fais-tu ?

© copyright www.upbility.fr

upbility
Compétences de la vie courante

Jeux de rôles
Je reste seul(e) à la maison

41

Le processus de jeu doit suivre ces étapes :

1 Étude de la situation : ▶ La scène se déroule dans la maison.

2 Scénario : ▶ Les parents se préparent pour aller chez des amis. L'enfant ne veut pas les accompagner et préfère rester seul à la maison. Les parents lui donnent des instructions et partent.

3 Définitions des règles du jeu : ▶ Déterminez les rôles : qui joue qui ?

4 Définitions des rôles : ▶ Quels sont les rôles et les tâches de l'enfant et des parents ?

5 Jeux de rôle : ▶ Après avoir déterminé les rôles, le jeu commence !

6 Mise en scène : ▶ Basez vos arguments sur les informations que vous connaissez. Établissez une ligne du temps et donnez des instructions claires dans un style calme et positif. Évitez toute intervention lors du jeu.

7 Évaluation : ▶ Enfin, évaluez votre jeu. Qu'est-ce qui s'est bien passé ? Quel a été le résultat ? Qu'auriez-vous pu faire ou dire de plus ?

© copyright www.upbility.fr

Je fais du shopping

1 J'ai toujours mon portefeuille avec moi, et je sais toujours combien d'argent j'ai.

2 Je choisis ce que je veux acheter et je regarde le prix.

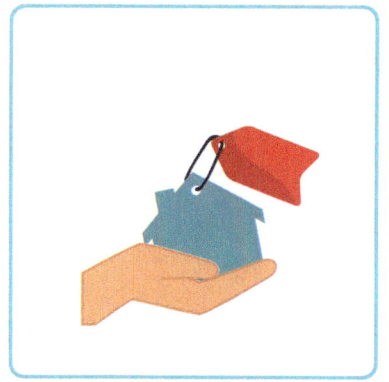

3 Si j'ai suffisamment d'argent, je prends le produit et je vais à la caisse.

4 Là, se trouve la caissière. Je lui donne l'argent, elle me rend la monnaie et me donne ce que j'ai payé. Je la remercie et je pars.

Je fais du shopping

1 Prise de décisions : Tu as besoin d'un nouvel anorak. Que fais-tu ?

2 Résolution du problème : Tu es en train de marcher dans la rue quand tu remarques que ton soulier est troué. Que fais-tu ?

3 Pensée créative : Qu'aimes-tu acheter et pourquoi ?

4 Pensée critique : Pourquoi achetons-nous différents objets ?

5 Communication efficace : Tu es dans un magasin et la vendeuse essaie de te convaincre d'acheter quelque chose que tu n'aimes pas. Que fais-tu ?

6 Relations interpersonnelles : Ta petite sœur a besoin d'aide pour acheter un pantalon. Que fais-tu ? Comment peux-tu l'aider ?

7 Connaissance de soi : Peux-tu faire seul(e) du shopping dans un magasin ?

8 Empathie : Tu es dans un magasin pour acheter un vêtement. Un client se comporte mal avec la vendeuse. Que penses-tu ? Selon toi, que ressent la vendeuse ?

9 Gestion des émotions : Que ressens-tu quand tu arrives à t'habiller seul(e) ? Pourquoi ?

10 Gestion du stress : Tu viens d'acheter un nouvel anorak, mais finalement, il ne te plaît pas. Que fais-tu ?

upbility
Compétences de la vie courante

Jeux de rôles
Je fais du shopping

42

Le processus de jeu doit suivre ces étapes :

1 Étude de la situation : ▶ La scène se déroule dans un magasin de vêtements.

2 Scénario : ▶ L'enfant est sorti faire du shopping avec ses amis. Il veut acheter des chaussures de sport.

3 Définitions des règles du jeu : ▶ Déterminez les rôles : qui joue qui ?

4 Définitions des rôles : ▶ Quels sont les rôles et les tâches de l'enfant et de la vendeuse ?

5 Jeux de rôle : ▶ Après avoir déterminé les rôles, le jeu commence !

6 Mise en scène : ▶ Basez vos arguments sur les informations que vous connaissez. Établissez une ligne du temps et donnez des instructions claires dans un style calme et positif. Évitez toute intervention lors du jeu.

7 Évaluation : ▶ Enfin, évaluez votre jeu. Qu'est-ce qui s'est bien passé ? Quel a été le résultat ? Qu'auriez-vous pu faire ou dire de plus ?

© copyright www.upbility.fr

Je gère mon temps

1 Je sais quelle heure il est, et je peux ainsi gérer mon temps.

2 Je peux m'organiser pour réviser mes leçons.

3 Mon temps libre.

4 Et mes activités.

Je gère mon temps

1. Prise de décisions : Cette après-midi, tu dois étudier, aller à la natation et à ton cours de guitare. Comment vas-tu gérer ton temps ?

2. Résolution du problème : Dans une demi-heure, tu as ton cours de natation, mais tu n'as pas eu le temps de terminer tes leçons. Que fais-tu ?

3. Pensée créative : Tu as une heure de libre. Que fais-tu ?

4. Pensée critique : Pourquoi est-ce important de savoir l'heure ?

5. Communication efficace : Tu as beaucoup de choses à faire et tu es débordé(e). Que peux-tu faire pour t'organiser ? À qui peux-tu demander de l'aide ?

6. Relations interpersonnelles : Ta petite sœur a besoin d'aider pour organiser ton emploi du temps. Comment vas-tu l'aider ?

7. Connaissance de soi : Peux-tu organiser ton emploi du temps seul(e) ?

8. Empathie : Quand tu as un rendez-vous avec ton ami, il est toujours en retard. À quoi penses-tu ? Que peux-tu faire pour l'aider ?

9. Gestion des émotions : Que ressens-tu quand tu organises bien ton emploi du temps ? Pourquoi ?

10. Gestion du stress : Tu n'arrives jamais à estimer le temps nécessaire pour tes leçons. Que peux-tu faire ?

Upbility
Compétences de la vie courante

Jeux de rôles
Je gère mon temps

43

Le processus de jeu doit suivre ces étapes :

1 Étude de la situation : > La scène se déroule dans la maison.

2 Scénario : > L'après-midi, l'enfant reste seul à la maison parce que ses parents rentrent tard. Il doit donc gérer seul son temps pour ses leçons et ses différentes activités. En cas de besoin, il appelle sa maman pour de l'aide.

3 Définitions des règles du jeu : > Déterminez les rôles : qui joue qui ?

4 Définitions des rôles : > Quels sont les rôles et les tâches de l'enfant et de la maman ?

5 Jeux de rôle : > Après avoir déterminé les rôles, le jeu commence !

6 Mise en scène : > Basez vos arguments sur les informations que vous connaissez. Établissez une ligne du temps et donnez des instructions claires dans un style calme et positif. Évitez toute intervention lors du jeu.

7 Évaluation : > Enfin, évaluez votre jeu. Qu'est-ce qui s'est bien passé ? Quel a été le résultat ? Qu'auriez-vous pu faire ou dire de plus ?

© copyright www.upbility.fr

upbility
Compétences de la vie courante

J'utilise les moyens de transports (bus)

1 Je peux circuler seul(e) en bus.

2 J'achète un billet.

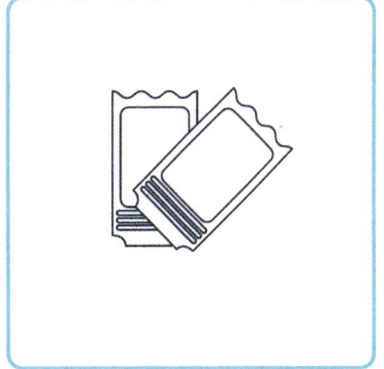

3 J'attends à l'arrêt du bus et je connais le numéro du bus que je dois prendre.

4 Quand il s'arrête à l'arrêt, j'entre et je mets le billet dans la machine. Je le reprends ensuite, et je le garde sur moi pendant tout le trajet. Quand j'arrive à destination, je descends du bus.

upbility
Compétences de la vie courante

J'utilise les moyens de transports (bus)

44

1	Prise de décisions :	Avec tes amis, vous décidez d'aller faire une promenade, mais vous devez pour cela prendre le bus. Que fais-tu ?
2	Résolution du problème :	Tu attends depuis longtemps à l'arrêt de bus mais il n'arrive pas. Que fais-tu ?
3	Pensée créative :	Pourquoi les bus passent-ils à des heures prédéfinies dans un horaire ?
4	Pensée critique :	Pourquoi utilise-t-on le bus ?
5	Communication efficace :	Tu viens d'entrer dans un bus mais tu as oublié d'acheter un billet. Que fais-tu ?
6	Relations interpersonnelles :	Tu attends à l'arrêt de bus mais tu n'es pas sûr que le bus que tu dois prendre passe par ici. Que fais-tu ?
7	Connaissance de soi :	Est-ce que tu prends tout(e) seul(e) le bus ?
8	Empathie :	Tu es dans le bus, et le contrôleur attrape quelqu'un qui n'a pas de billet. Que penses-tu ? Que ressent cette personne sans billet, selon toi ? Que va-t-il lui arriver ?
9	Gestion des émotions :	Que ressens-tu quand tu prends seul(e) le bus ? Pourquoi ?
10	Gestion du stress :	Tu arrives en retard à l'arrêt, et tu rates le bus. Que fais-tu ?

upbility
Compétences de la vie courante

Jeux de rôles
J'utilise les moyens de transports (bus)

44

Le processus de jeu doit suivre ces étapes :

1 Étude de la situation : → La scène se déroule dehors, dans la rue.

2 Scénario : → L'enfant va prendre seul le bus pour aller rendre visite à ses grands-parents. Le chauffeur du bus va l'aider.

3 Définitions des règles du jeu : → Déterminez les rôles : qui joue qui ?

4 Définitions des rôles : → Quels sont les rôles et les tâches de l'enfant et du chauffeur de bus ?

5 Jeux de rôle : → Après avoir déterminé les rôles, le jeu commence !

6 Mise en scène : → Basez vos arguments sur les informations que vous connaissez. Établissez une ligne du temps et donnez des instructions claires dans un style calme et positif. Évitez toute intervention lors du jeu.

7 Évaluation : → Enfin, évaluez votre jeu. Qu'est-ce qui s'est bien passé ? Quel a été le résultat ? Qu'auriez-vous pu faire ou dire de plus ?

© copyright www.upbility.fr

J'utilise les moyens de transports (métro)

1 Je peux circuler seul(e) en métro.

2 J'attends à la station de métro.

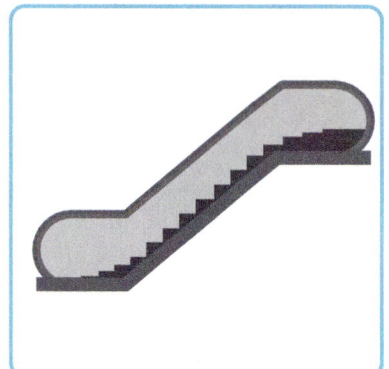

3 J'achète un billet et je le mets dans la machine.

4 Je regarde les panneaux pour me diriger vers la bonne destination. Quand le métro arrive, je monte dans la rame et je descends à la station de ma destination.

J'utilise les moyens de transports (métro)

1 — Prise de décisions : Tu as rendez-vous au centre-ville avec tes amis. Comment t'y rends-tu ?

2 — Résolution du problème : Tu es dans le métro, et un contrôleur vérifie les billets des passagers. Que fais-tu ?

3 — Pensée créative : Quels autres moyens de transport prends-tu ?

4 — Pensée critique : Pourquoi utilise-t-on le métro ?

5 — Communication efficace : Tu viens d'arriver à la station de métro et tu vois qu'il vient juste de partir. Que fais-tu ?

6 — Relations interpersonnelles : Ta petite sœur veut prendre le métro. Que lui dis-tu ? Quelles instructions lui donnes-tu ?

7 — Connaissance de soi : Est-ce que tu prends tout(e) seul(e) le métro ?

8 — Empathie : Tu es dans le métro, et tu t'assieds. À la station suivante, un homme âgé entre dans la rame, mais il n'y a aucune place de libre. À quoi penses-tu ? Que vas-tu faire ?

9 — Gestion des émotions : Que ressens-tu quand tu prends seul(e) le métro ? Pourquoi ?

10 — Gestion du stress : Tu as rendez-vous avec tes amis mais ton train est en retard. Que fais-tu ?

upbility
Compétences de la vie courante

Jeux de rôles
J'utilise les moyens de transports (métro)

45

Le processus de jeu doit suivre ces étapes :

1 Étude de la situation : → La scène se déroule dans une station de métro.

2 Scénario : → L'enfant va prendre seul le métro parce qu'il a rendez-vous avec ses amis dans le centre-ville. Un passant va l'aider.

3 Définitions des règles du jeu : → Déterminez les rôles : qui joue qui ?

4 Définitions des rôles : → Quels sont les rôles et les tâches du passant et de l'enfant ?

5 Jeux de rôle : → Après avoir déterminé les rôles, le jeu commence !

6 Mise en scène : → Basez vos arguments sur les informations que vous connaissez. Établissez une ligne du temps et donnez des instructions claires dans un style calme et positif. Évitez toute intervention lors du jeu.

7 Évaluation : → Enfin, évaluez votre jeu. Qu'est-ce qui s'est bien passé ? Quel a été le résultat ? Qu'auriez-vous pu faire ou dire de plus ?

Je lis les étiquettes sur les produits (date de péremption)

1 Une date de péremption est inscrite sur tous les produits alimentaires.

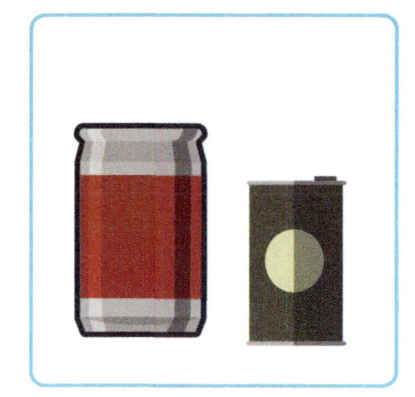

2 Je regarde attentivement le produit alimentaire et je trouve la date de péremption.

3 Si la date inscrite est passée, le produit est périmé et je dois le jeter.

4 Si la date n'est pas passée, je peux consommer le produit.

upbility
Compétences de la vie courante

Je lis les étiquettes sur les produits (date de péremption)

46

1 Prise de décisions : Les pâtes sont depuis longtemps dans l'armoire. Tu veux préparer à manger. Quelle est la première chose que tu vas faire ?

2 Résolution du problème : Tu veux manger une tartine au beurre, mais tu remarques que le beurre est périmé. Que fais-tu ?

3 Pensée créative : En dehors des aliments, quels autres produits ont des dates de péremption ?

4 Pensée critique : Pourquoi les produits ont-ils des dates de péremption ?

5 Communication efficace : Tu es au supermarché et tu fais des courses. Tu vois qu'un produit est périmé. Que fais-tu ?

6 Relations interpersonnelles : Ta petite sœur trouve dans l'armoire une tablette de chocolat qu'elle avait oubliée. Que vas-tu faire ? Que vas-tu lui dire ?

7 Connaissance de soi : Peux-tu lire la date de péremption d'un produit ?

8 Empathie : À l'école, un élève veut manger des biscuits, en sachant qu'ils sont périmés, parce qu'il n'a rien d'autre à manger avec lui. À quoi penses-tu ? Que vas-tu faire ?

9 Gestion des émotions : Que ressens-tu quand tu lis la date de péremption et que tu peux dire si un produit est encore bon ou non ? Pourquoi ?

10 Gestion du stress : Tu as mangé un yaourt, et après, tu as remarqué qu'il était périmé. Que fais-tu ?

© copyright www.upbility.fr

upbility
Compétences de la vie courante

Jeux de rôles
Je lis les étiquettes sur les produits (date de péremption)

46

Le processus de jeu doit suivre ces étapes :

1 Étude de la situation : ➤ La scène se déroule au supermarché.

2 Scénario : ➤ L'enfant est au supermarché pour faire des courses. Il remarque que le lait est périmé et s'adresse à un vendeur.

3 Définitions des règles du jeu : ➤ Déterminez les rôles : qui joue qui ?

4 Définitions des rôles : ➤ Quels sont les rôles et les tâches de l'enfant et du vendeur ?

5 Jeux de rôle : ➤ Après avoir déterminé les rôles, le jeu commence !

6 Mise en scène : ➤ Basez vos arguments sur les informations que vous connaissez. Établissez une ligne du temps et donnez des instructions claires dans un style calme et positif. Évitez toute intervention lors du jeu.

7 Évaluation : ➤ Enfin, évaluez votre jeu. Qu'est-ce qui s'est bien passé ? Quel a été le résultat ? Qu'auriez-vous pu faire ou dire de plus ?

J'utilise le four

1 Je peux utiliser le four.

2 Je prépare le repas que je veux faire cuire.

3 Je le mets dans un plat de cuisson et j'allume le four.

4 Je dépose le plat dans le four et j'attends qu'il cuise. Quand il est prêt, j'éteins le four.

J'utilise le four

47

1	Prise de décisions :	Tu viens de préparer le poulet et les pommes de terre et tu les mets dans le plat de cuisson. Que fais-tu après ?
2	Résolution du problème :	Au moment où tu sors le plat du four, il y a une panne d'électricité. Que fais-tu ?
3	Pensée créative :	Quels plats préfères-tu ? Au four ou à la casserole ?
4	Pensée critique :	Quels plats prépare-t-on au four, et quels autres à la casserole ?
5	Communication efficace :	Tu es à la maison, et tu remarques que quelqu'un a oublié d'éteindre le four. Que fais-tu ?
6	Relations interpersonnelles :	Ta petite sœur joue avec les boutons du four. Que vas-tu faire ? Que vas-tu lui dire ?
7	Connaissance de soi :	Peux-tu faire cuire quelque chose au four tout(e) seul(e) ?
8	Empathie :	Ton ami te dit que son four ne fonctionne plus et qu'il n'a pas d'argent pour en acheter un autre. À quoi penses-tu ? Que vas-tu faire ?
9	Gestion des émotions :	Que ressens-tu quand tu utilises seul(e) le four pour préparer un plat pour toute la famille ? Pourquoi ?
10	Gestion du stress :	Tu as préparé le repas, et tu es sorti(e) avec tes amis, mais tu ne te rappelles plus si tu as éteint le four. Que fais-tu ?

upbility
Compétences de la vie courante

Jeux de rôles
J'utilise le four

47

Le processus de jeu doit suivre ces étapes :

1 Étude de la situation : → La scène se déroule dans la cuisine d'une maison.

2 Scénario : → L'enfant veut faire cuire une pizza au four et demande l'aide de sa maman.

3 Définitions des règles du jeu : → Déterminez les rôles : qui joue qui ?

4 Définitions des rôles : → Quels sont les rôles et les tâches de l'enfant et de la maman ?

5 Jeux de rôle : → Après avoir déterminé les rôles, le jeu commence !

6 Mise en scène : → Basez vos arguments sur les informations que vous connaissez. Établissez une ligne du temps et donnez des instructions claires dans un style calme et positif. Évitez toute intervention lors du jeu.

7 Évaluation : → Enfin, évaluez votre jeu. Qu'est-ce qui s'est bien passé ? Quel a été le résultat ? Qu'auriez-vous pu faire ou dire de plus ?

Je lis et je comprends les notices des médicaments (posologie)

48

1. Tous les médicaments ont des notices.

2. Je lis attentivement et je comprends :

3. La quantité que je peux prendre.

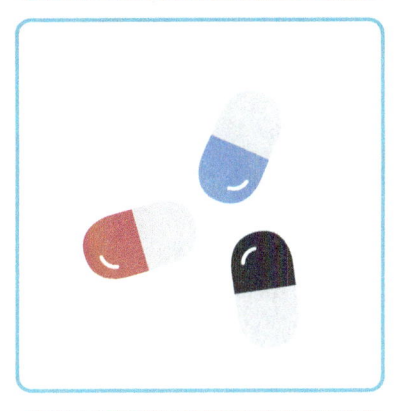

4. Combien de fois par jour je peux le prendre.

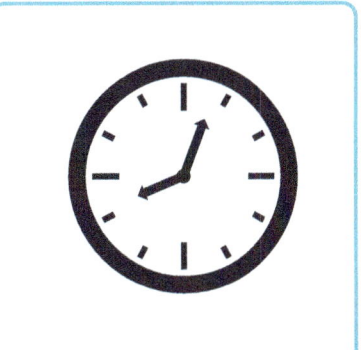

Je lis et je comprends les notices des médicaments (posologie)

1 Prise de décisions : Tu as très mal à la tête, que fais-tu ?

2 Résolution du problème : Tu es malade et ta maman a laissé les médicaments à la maison. Tu ne te rappelles plus combien tu dois en prendre. Que vas-tu faire ?

3 Pensée créative : Où peux-tu acheter des médicaments ?

4 Pensée critique : Pourquoi devons-nous lire très attentivement les notices des médicaments ?

5 Communication efficace : Tu es à la pharmacie pour acheter un médicament. Comment vas-tu demander au pharmacien de t'expliquer la notice ?

6 Relations interpersonnelles : Ta petite sœur a très mal au ventre. Vous êtes seuls à la maison. Que fais-tu ?

7 Connaissance de soi : Peux-tu lire et comprendre la notice d'un médicament ?

8 Empathie : Ta maman a de la fièvre. Comment se sent-elle, selon toi ? Que peux-tu faire pour l'aider ?

9 Gestion des émotions : Que ressens-tu quand tu lis et comprends la notice d'un médicament ? Pourquoi ?

10 Gestion du stress : Le docteur t'a prescrit des vitamines, mais ce matin, tu es parti(e) sans les prendre. Que fais-tu ?

Jeux de rôles
Je lis et je comprends les notices des médicaments (posologie)

48

Le processus de jeu doit suivre ces étapes :

1 Étude de la situation : → La scène se déroule dans la maison.

2 Scénario : → L'enfant vient de rentrer de l'école et il a très mal à la tête. Il téléphone à sa maman, mais elle ne se rappelle plus de la posologie. L'enfant doit donc lire seul la notice du médicament.

3 Définitions des règles du jeu : → Déterminez les rôles : qui joue qui ?

4 Définitions des rôles : → Quels sont les rôles et les tâches de l'enfant et de la maman ?

5 Jeux de rôle : → Après avoir déterminé les rôles, le jeu commence !

6 Mise en scène : → Basez vos arguments sur la base des informations que vous connaissez. Établissez une ligne du temps et donnez des instructions claires dans un style calme et positif. Évitez toute intervention lors du jeu.

7 Évaluation : → Enfin, évaluez votre jeu. Qu'est-ce qui s'est bien passé ? Quel a été le résultat ? Qu'auriez-vous pu faire ou dire de plus ?

Je fais mes courses au supermarché

1 Je prends toujours de l'argent avec moi quand je vais faire mes courses au supermarché.

2 Je prends un chariot.

3 J'y dépose les produits que je veux acheter.

4 Quand j'ai fini, je vais à la caisse et je paie.

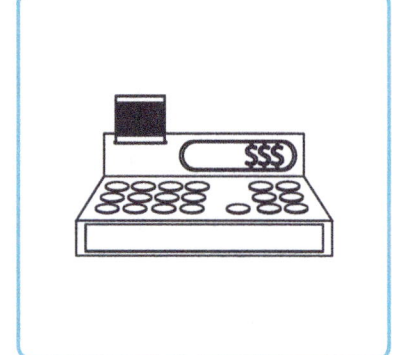

upbility
Compétences de la vie courante

Je fais mes courses au supermarché

49

1	**Prise de décisions :**	Que fais-tu quand tu vois que les placards et le frigo sont vides ?
2	**Résolution du problème :**	Tu es au supermarché pour faire des courses, et tu te rends compte que tu as oublié la liste des courses. Que fais-tu ?
3	**Pensée créative :**	Qu'aimes-tu acheter au supermarché, et pourquoi ?
4	**Pensée critique :**	Pourquoi allons-nous au supermarché ?
5	**Communication efficace :**	Tu es au supermarché pour faire les courses, mais tu ne trouves pas un produit dont tu as besoin. Que fais-tu ?
6	**Relations interpersonnelles :**	Ta petite sœur ne veut pas t'accompagner au supermarché. Que vas-tu lui dire pour la convaincre de venir avec toi ?
7	**Connaissance de soi :**	Peux-tu faire les courses tout(e) seul(e) au supermarché ?
8	**Empathie :**	Tu es au supermarché, et tu vois qu'un vendeur a attrapé quelqu'un en train de voler. Que penses-tu ? Que ressent l'homme selon toi ?
9	**Gestion des émotions :**	Que ressens-tu quand tu fais tes courses tout(e) seul(e) ? Pourquoi ?
10	**Gestion du stress :**	Le supermarché ferme dans 5 minutes mais tu n'as pas fini de faire les courses. Que fais-tu ?

© copyright www.upbility.fr

Jeux de rôles
Je fais mes courses au supermarché

Le processus de jeu doit suivre ces étapes :

1. Étude de la situation : La scène se déroule au supermarché.

2. Scénario : L'enfant est au supermarché pour faire les courses avec ses parents.

3. Définitions des règles du jeu : Déterminez les rôles : qui joue qui ?

4. Définitions des rôles : Quels sont les rôles et les tâches de l'enfant et des parents ?

5. Jeux de rôle : Après avoir déterminé les rôles, le jeu commence !

6. Mise en scène : Basez vos arguments sur les informations que vous connaissez. Établissez une ligne du temps et donnez des instructions claires dans un style calme et positif. Évitez toute intervention lors du jeu.

7. Évaluation : Enfin, évaluez votre jeu. Qu'est-ce qui s'est bien passé ? Quel a été le résultat ? Qu'auriez-vous pu faire ou dire de plus ?

Je vais au cinéma

1 Je peux aller seul(e) au cinéma.

2 J'achète un billet.

3 J'achète du popcorn et une boisson.

4 Quand mes amis arrivent, nous entrons dans la salle pour voir le film.

Je vais au cinéma

1. Prise de décisions : Tu veux voir un film au cinéma avec tes amis, que fais-tu ?

2. Résolution du problème : Tu es au cinéma avec tes amis mais il n'y a plus de places pour le film que vous voulez voir. Que vas-tu faire ?

3. Pensée créative : Quel est ton film préféré et pourquoi ?

4. Pensée critique : Pourquoi devons-nous avoir des billets pour entrer dans la salle de cinéma ?

5. Communication efficace : Tu es au cinéma et tu regardes un film, mais les enfants derrière toi parlent fort et te dérangent. Que fais-tu ?

6. Relations interpersonnelles : Ta petite sœur veut venir avec toi au cinéma. Que vas-tu faire ? Que vas-tu lui dire ?

7. Connaissance de soi : Peux-tu aller sans tes parents au cinéma ?

8. Empathie : Tu es au cinéma avec ta classe. Quand le film est fini, tu remarques que ton voisin a laissé ses déchets sur le siège. À quoi penses-tu ? Que vas-tu faire ?

9. Gestion des émotions : Qu'as-tu ressenti quand tu as été pour la première fois au cinéma sans tes parents ? Pourquoi ?

10. Gestion du stress : Tu as rendez-vous avec tes amis pour aller au cinéma, et tu es en retard. Que fais-tu ?

Jeux de rôles
Je vais au cinéma

Le processus de jeu doit suivre ces étapes :

1. Étude de la situation : La scène se déroule au cinéma.

2. Scénario : L'enfant a rendez-vous au cinéma avec ses amis.

3. Définitions des règles du jeu : Déterminez les rôles : qui joue qui ?

4. Définitions des rôles : Quels sont les rôles et les tâches des amis ?

5. Jeux de rôle : Après avoir déterminé les rôles, le jeu commence !

6. Mise en scène : Basez vos arguments sur les informations que vous connaissez. Établissez une ligne du temps et donnez des instructions claires dans un style calme et positif. Évitez toute intervention lors du jeu.

7. Évaluation : Enfin, évaluez votre jeu. Qu'est-ce qui s'est bien passé ? Quel a été le résultat ? Qu'auriez-vous pu faire ou dire de plus ?

Printed by Amazon Italia Logistica S.r.l.
Torrazza Piemonte (TO), Italy